企业
资本运作
效益与价值管理方法

王东亚 梁敏 王登举◎著

电子工业出版社

Publishing House of Electronics Industry

北京·BEIJING

内 容 简 介

企业想要获得长久的发展，需要在诸多方面不懈努力，其中资本运作扮演着至关重要的角色。通过科学、合理的资本运作策略，企业能够全面统筹规划，进而提升效益和最大化内在价值。

本书聚焦于资本运作，内容分为上、下篇。上篇深入剖析资本运作的理论基础，涵盖资本认知、底层逻辑及战略路线三个方面，旨在为读者构建坚实的理论支撑体系；下篇立足于资本运作战略规划实践，主要从全局规划、盈利模式、品牌 IP 建设、可持续增长、投融资、股权分配、IPO、市值管理及规模扩张九个方面进行了详细阐述，为读者提供了资本运作的实操路径。

本书将读者的需求置于首位，全面介绍了企业资本运作的理论基础和实践方法。对于企业家、创业者、有资本运作需求或对资本运作感兴趣的读者而言，本书不仅是一本理论指南，更是一本实战手册，值得读者深入研读与学习，为企业的发展注入新的活力。

图书在版编目（CIP）数据

企业资本运作 : 效益与价值管理方法 / 王东亚，梁敏，王登举著 . -- 北京 : 电子工业出版社，2025. 10.

ISBN 978-7-121-51271-1

Ⅰ . F275.6

中国国家版本馆 CIP 数据核字第 2025SV8912 号

责任编辑：刘伊菲

印　　刷：三河市鑫金马印装有限公司

装　　订：三河市鑫金马印装有限公司

出版发行：电子工业出版社

　　　　　北京市海淀区万寿路 173 信箱　　邮编：100036

开　　本：720×1000　1/16　印张：14.5　字数：211 千字

版　　次：2025 年 10 月第 1 版

印　　次：2025 年 10 月第 1 次印刷

定　　价：65.00 元

凡所购买电子工业出版社图书有缺损问题，请向购买书店调换。若书店售缺，请与本社发行部联系，联系及邮购电话：（010）88254888，88258888。

质量投诉请发邮件至 zlts@phei.com.cn，盗版侵权举报请发邮件至 dbqq@phei.com.cn。

本书咨询联系方式：（010）68161512，meidipub@phei.com.cn。

前言

　　企业资本运作，即企业通过有效利用其持有的股权，对产品、项目、人才等资源进行全面整合，进而实现价值增长和效益提升。这一过程的核心在于对内部管理战略和外部交易策略的精妙运用，有效盘活企业资产，驱动企业向多元化方向发展。

　　在变幻莫测的商业环境中，企业发展壮大离不开高效的资本运作与精准的价值管理。随着全球化趋势加速和市场竞争日益激烈，如何通过资本运作实现效益最大化，以及通过价值管理确保企业持续稳健发展，已成为企业家和管理者必须正视的严峻挑战。

　　企业进行资本运作，旨在培育和提升自身的核心竞争力，确保自身能够持续、健康地发展。通过资本运作，企业能够优化产业布局，提升管理水平和治理效能，推动内部运营机制的革新，进而迈向更高的台阶。

　　资本运作具有诸多益处，但资本运作过程中充满困难和挑战，稍有不慎就会满盘皆输。许多创业者在资本运作的过程中遭遇困境，根本原因在于他们对资本运作理论缺乏深刻的理解，难以合理布局资本运作。

　　因此，对于创业者而言，一本能够系统阐述资本运作理论知识，从股权、融资、上市等多个维度展现资本运作方法的图书显得尤为重要。本书正是这样一本著作。

　　本书旨在为企业家和管理者提供一套完整的资本运作和价值管理方法论，帮助他们在复杂多变的商业环境中精准把握机遇、从容应对挑战，推动企业实现可持续发展。本书作者拥有多年资本运作经验，在本书中，作者将实践中的智慧凝结成文字，为读者提供资本运作的理论指导。

全书分为上、下篇，上篇夯实理论基础，深入探讨资本运作的基本原理；下篇则注重实战运用，聚焦于资本运作的战略布局。在撰写过程中，作者秉持严谨的态度，深入剖析了资本运作的精髓，挣脱了传统理论的束缚，并通过一系列经典案例，展现了不同行业、不同规模企业在资本运作和价值管理方面的经验。这些案例不仅展现了顶尖企业的智慧，也为读者提供了生动、实用的参考与借鉴。

作者衷心期望，通过阅读本书，读者能够深刻领悟资本运作的奥秘，从而更加从容地应对市场挑战，把握发展机遇，实现个人与企业的共同成长。

目录

上篇 掌握资本运作理论

第1章 资本认知：你真的了解资本吗 / 3

1.1 新时代，企业必须值钱 / 3

1.2 什么样的企业更值钱 / 8

1.3 关于资本的三个问题 / 13

1.4 记住，无形资本很重要 / 17

第2章 底层逻辑：探索资本发展规律 / 23

2.1 "玩转"资本，要了解规律 / 23

2.2 根据资本逻辑规划资本 / 29

2.3 资本时代，企业如何进步 / 33

第3章 战略路线：让资本发挥最大价值 / 37

3.1 企业核心资源：现金流 / 37

3.2 资本战略要与时俱进 / 42

3.3 拉长战线：中长期资本目标 / 46

下篇 布局资本运作战略

第4章 全局规划：前线与后方缺一不可 / 53

4.1 目标层规划 / 53

4.2 执行层规划 / 56

4.3 后方规划 / 62

第5章 盈利模式：值钱的企业也要会赚钱 / 68

5.1 你的企业适合哪种盈利模式 / 68

5.2 高价值盈利模式三要素 / 78

5.3 资本进阶：盈利模式升级 / 84

第6章 品牌 IP 建设：让企业获得溢价能力 / 88

6.1 认知：新时代的品牌观 / 88

6.2 如何打造一个品牌 IP / 91

6.3 现象级品牌 IP：打造 IP 的三重路径 / 98

6.4　加速传播，形成品牌 IP

效应 / 101

第 7 章　可持续增长：培养增长意识

很重要 / 106

7.1　进行盈利规划是关键点 / 106

7.2　利用无形资本实现企业增值 / 113

7.3　增长与成本之间的秘密 / 116

第 8 章　投融资：资本流动起来才有

意义 / 120

8.1　常见融资模式盘点 / 120

8.2　常见投资模式盘点 / 132

第 9 章　股权分配：公平和公正是关

键点 / 136

9.1　过半数企业存在股权问题 / 136

9.2　如何做好股权分配 / 140

9.3　创始人必须掌握控制权 / 147

9.4　为股东准备退出通道 / 152

第 10 章　IPO：通过上市提升企业

竞争力 / 165

10.1　上市方案核心内容 / 165

10.2　如何安全地完成上市 / 171

10.3　哪些操作容易导致上市

失败 / 183

第 11 章　市值管理：巩固企业市场

地位 / 191

11.1　管理好市值才能更值钱 / 191

11.2　如何做好市值管理 / 196

11.3　你的企业适合哪种市值管理

模式 / 200

11.4　市值管理与资产证券化 / 204

第 12 章　规模扩张：并购战略威力

无穷 / 209

12.1　思考：开展并购的原因是

什么 / 209

12.2　并购模式盘点 / 214

12.3　如何选择并购战略 / 223

上篇　掌握资本运作理论

1 第1章
资本认知：你真的了解资本吗

在不同的学科和语境中，资本有着不同的定义。在经济学领域，资本通常指用于生产更多商品和服务的物资和资源，包括实物资本、金融资本、人力资本和社会资本等。资本是一个动态的概念，随着经济、社会、企业及意识形态的发展而不断变化。发展至今，资本已经成为现代经济活动中的一个核心要素，在价值创造、权利分配等方面发挥着重要的作用。

1.1 新时代，企业必须值钱

企业在初创阶段往往更关注如何快速赚钱以存活下来。然而，从长远来看，仅仅关注赚钱而忽视企业的整体价值是不可取的。企业管理者应该认识到，真正的"值钱"不仅体现在财务利润上，更在于企业所创造的价值、所树立的品牌形象，以及综合实力和影响力。

1.1.1 新时代，资本不愿意再纵容

新时代，资本发生了一些变化，其中一个显著的变化是资本对企业的要求更加严格，不再像以前那样纵容企业。这种变化的原因是多方面的，包括市场环境变化、投资者理念转变及监管加强。

首先，市场环境变化使得资本对企业的要求更加严格。随着市场竞争的加剧

和技术快速发展，企业只有不断创新，提升自身实力，才能保持竞争优势。作为企业发展的重要推手，资本对企业的实力和前景寄予了更高的期望，对企业提出了更为严格的要求。

其次，投资者理念转变使得资本对企业的态度发生变化。如今的投资者更加注重长期价值和可持续发展，而不仅仅是短期的盈利。他们希望自己投资的企业不仅具备盈利能力，还要有良好的治理结构和可持续的商业模式。因此，资本在选择投资对象时会更谨慎，更加注重企业的综合素质和未来发展潜力。

此外，监管加强也是资本态度转变的一个关键因素。在严格的监管环境下，资本必须更加审慎地选择投资对象，以确保投资的安全性和合规性。因此，资本更倾向于投资那些具有潜力且与其商业模式高度契合的企业，以获得长期稳定的收益和回报。

资本青睐的企业通常具备的特点，如图 1-1 所示。

01 清晰的商业模式和盈利路径
02 巨大的市场潜力
03 强大的团队和执行力
04 技术创新和竞争优势
05 稳定的财务和风险管理

图 1-1 资本青睐的企业具备的特点

1. 清晰的商业模式和盈利路径

企业需要有明确的商业模式，能够清晰地展现其如何创造价值并实现盈利。资本希望看到企业具有可预测和可持续的盈利前景。

2. 巨大的市场潜力

资本通常更倾向于投资那些具有巨大市场潜力，能够实现持续增长的企业。这种潜力可以通过市场规模、增长速度、渗透率等指标来衡量。

3. 强大的团队和执行力

优秀的团队是实现企业愿景和目标的关键。资本会关注企业创始人和核心团队的背景、经验、能力和执行力。

4. 技术创新和竞争优势

具有技术创新能力和竞争优势的企业往往更容易吸引资本的关注。企业的竞争优势通常体现在企业的研发投入、专利数量、技术壁垒等方面。

5. 稳定的财务和风险管理

资本会关注企业的财务状况、风险管理和内部控制。一个稳健的财务体系和有效的风险管理机制能够增强资本对企业的信心。

1.1.2 思考：企业是赚钱好还是值钱好

在商业实践中，"赚钱的企业"和"值钱的企业"是两种不同的战略目标，它们各自有不同的侧重点，会对企业的发展产生不同的影响。

"赚钱的企业"通常指的是那些能够产生稳定现金流量的企业。它们的主要目标是实现盈利和现金流的最大化，往往关注短期内的成本控制和收入增长，通过提高运营效率、优化产品或服务、扩大市场份额等措施来增加利润。这种策略适合成熟市场和竞争环境相对稳定的行业中的企业。

而"值钱的企业"则更注重长期价值创造，包括品牌建设、技术创新、市场领导地位的确立等。这样的企业可能会在短期内牺牲一部分利润，在研发、市场营销、人才培养等方面加大投入，从而在未来获得更大的市场份额和更高的估值。

这种策略适用于快速变化的行业中的企业，尤其是技术驱动型、创新型企业。

对于科技企业或大型企业而言，短期的盈利并非首要考量，市场份额和增长率才是决定其成功与否的关键因素。即便企业连续五六年亏损，只要市值稳步增长，仍会受到资本市场的青睐。通过股份换取庞大的资金支持，这些企业得以持续投入，从而不断壮大自身实力。然而，对于绝大多数企业来说，实现价值增长并非易事，因此，盈利仍是其核心追求。

赚钱和值钱的主要区别在于时间视角和价值创造的方式。"赚钱的企业"更注重当前的财务表现和股东回报，而"值钱的企业"着眼于长期的增长潜力和可持续发展。理想情况下，企业可以在追求长期价值的同时，实现短期的盈利目标，但在实际操作中，这两种目标往往需要平衡和取舍。

选择成为"赚钱的企业"还是"值钱的企业"，关键在于企业的战略定位、市场环境、竞争态势及管理层的长期愿景。成功的企业往往能够根据自身条件和外部环境，制定出既能满足短期盈利需求，又能为未来发展奠定坚实基础的战略。

1.1.3　做企业，一定别只想着赚钱

在企业生存和发展的过程中，盈利能力发挥着至关重要的作用。盈利是企业的使命和实现商业化发展的基本逻辑。然而，如果企业仅以盈利为唯一目标，而忽视了长期发展，则难以为继。因此，企业不仅应当追求经济效益，还需承担社会责任、塑造良好的品牌形象、积极进行技术创新等，以实现全面、可持续发展，如图 1-2 所示。

图 1-2　企业实现全面、可持续发展的因素

1. 可持续发展

如果企业只关注短期利益，忽视了履行社会责任，就很难实现长期、可持续发展。如今，消费者和投资者越来越重视企业的社会影响，可持续发展已成为企业成功的关键要素之一。

2. 品牌形象和声誉

企业的品牌和声誉对吸引客户和提升客户忠诚度至关重要。如果企业仅仅追求利润而忽视了产品质量、客户服务或道德标准，可能会损害其品牌形象，从而影响长期盈利能力。

3. 员工满意度和留存

企业的成功很大程度上依赖于员工的努力和创造力。如果企业只强调盈利而忽视员工的福利、职业发展和工作满意度，可能会导致员工流失率和招聘成本上升。

4. 创新和竞争力

在不断变化的市场环境中，企业需要不断创新以保持竞争力。如果企业只关注当前的利润，可能会忽视研发投入和市场发展趋势，从而失去未来的市场机会。

5. 社会责任

作为社会中的一员，企业需要承担一定的社会责任。承担社会责任有助于提升企业形象，赢得社会的认可和好评，吸引更多投资者和消费者关注，获得更多发展机遇。

董明珠倡导的"做好事情再去赚钱"的经营理念强调了企业经营中"质量优先"和"长期主义"的重要性。她认为，企业应当专注于产品和服务的质量，致力于把事情做好，以此来赢得市场和消费者的信任。企业能够提供优质的产品和服务，自然能够获得良好的经济效益。

这种理念背后的逻辑是，如果企业只是为了赚钱而忽略了产品和服务的本质，可能会损害品牌信誉，导致消费者流失，最终影响企业的可持续发展。相反，当企业坚持以质量为核心，不断创新，满足消费者需求，就能在激烈的市场竞争中脱颖而出，实现长期稳定的盈利。

董明珠的管理风格和经营理念在业界颇具影响力，她带领格力电器从一个小型空调厂发展成为全球知名的家电品牌，证明了她所倡导的"做好事情再去赚钱"的经营理念是行之有效的。因此，企业领导者应该全面考虑企业的长期发展，包括社会责任、环境可持续性、品牌建设、员工发展和创新能力等，以实现企业的长期成功和价值最大化。

1.2 什么样的企业更值钱

企业的价值通常与其市场表现、财务健康状况、增长潜力和竞争优势密切相关。"值钱的企业"往往具备三个特点。首先，这些企业在其所在的细分领域中表现卓越，是行业的领军者。其次，它们的成功往往源自精准的市场定位和前瞻性的想象力。这使得它们能够有效地吸引和利用资本，进而实现价值最大化。最后，这些企业还拥有独特、高品质的产品，这是它们赢得市场份额和客户信任的关键所在。

1.2.1　细分领域的佼佼者

在快速变化的市场环境中，细分领域的佼佼者往往更容易受到资本市场的青睐。这是因为这些企业通常能够在特定的领域内实现深度挖掘和精细管理，从而在竞争中占据优势地位。

首先，细分领域的佼佼者通常拥有更加先进的技术和管理经验。由于长期专注于某一领域，这些企业积累了大量的经验和数据，能够更准确地把握市场趋势和客户需求。同时，这些企业更加注重技术研发和创新，能够不断推出更加先进、高效的产品和服务，满足客户的多样化需求，从而在激烈的市场竞争中保持领先地位。

其次，在特定领域表现卓越的企业，通常拥有更高知名度和更大市场份额。由于长期专注于某一领域，这些企业往往能够在该领域内建立起较高的品牌声誉和口碑，吸引更多的客户和合作伙伴。同时，这些企业更加注重市场营销和品牌建设，能够通过多种渠道提高品牌知名度和影响力，进一步提升市场份额和竞争力。

最后，细分领域的佼佼者通常拥有更强的盈利能力和更高的估值。由于具备上述优势，这些企业往往拥有更高的销售额和利润率，盈利能力很强。同时，由于这些企业具备更强的竞争力和发展潜力，投资者更容易对其产生信心和兴趣，从而推动其估值不断上升。

例如，珀莱雅具有显著的优势和特色，是化妆品行业的佼佼者。首先，通过多年的发展和积累，珀莱雅形成了自己独特的品牌形象和市场定位。其次，珀莱雅在渠道建设方面表现出色，通过线上线下多渠道融合的销售模式，实现了广泛的市场覆盖。珀莱雅不仅与京东、淘宝等大型电商平台合作，还注重线下渠道的拓展。最后，珀莱雅注重产品研发和创新，通过引进先进技术和人才，不断提升产品的质量和竞争力。

再如，作为全球透明质酸产业的佼佼者，华熙生物在全产业链布局、技术实力及产品应用等方面均具备显著优势。凭借在微生物发酵和交联技术领域的深厚积累，华熙生物不仅在国内市场占据领先地位，在全球范围内也具有很大影响力。

综上所述，细分领域的佼佼者往往具备更大的优势、更强的盈利能力和竞争力，且估值较高。企业可以专注于某一领域并不断提升自身的专业能力和管理水平，以实现长期发展和价值提升。

1.2.2　瞄准有"钱"景的市场

在商业世界中，那些具备敏锐的市场洞察力，瞄准有"钱"景市场的企业，往往能够实现持续价值增长，获得巨大成功。

首先，这些企业具备一定的市场敏锐度，能够迅速捕捉到市场趋势和消费者需求的变化，从而在竞争中占据有利地位。其次，这些企业具备创新能力，善于通过研发新产品、新技术或新服务来满足市场需求，从而创造新的增长点。最后，这些企业注重提高生产效率和降低成本，确保在竞争中保持领先地位。

滴滴出行就是一个瞄准了有"钱"景市场的案例。滴滴出行对城市交通出行的核心问题有着深刻的理解，它敏锐地洞察到，传统出租车行业在应对公众出行需求上存在局限性，尤其是在高峰时段和特殊天气，出租车供不应求的问题日益突出。

为此，滴滴出行推出了一项创新解决方案：提供便捷、高效的在线叫车服务。

这一服务不仅有效缓解了出租车供应紧张的状况，还极大地提升了出行效率，吸引了大量司机和乘客积极参与。

而且，滴滴出行通过对技术和模式进行创新，实现了对传统出租车行业的颠覆。它利用互联网技术和大数据分析，实现了供需双方的精准匹配，提高了车辆的使用效率和乘客的出行体验。同时，滴滴出行还通过引入多种车型和服务类型，满足了不同用户的出行需求，进一步扩大了市场份额。

滴滴出行还通过多元化的盈利模式实现了持续盈利。除了向乘客收取一定的服务费用外，滴滴出行还通过向司机抽取提成、促进广告推广等方式获得收入。多元化的盈利模式为滴滴出行的长期发展提供了坚实的支撑。

滴滴出行通过挖掘城市交通出行痛点，实现了对传统行业的颠覆和创新，从而成功地切入"钱"景广阔的市场。

1.2.3　有独一无二的高质量产品

在当前瞬息万变的商业环境中，唯有不断创新与突破，企业才能稳固市场地位，才能更值钱。"更值钱的企业"往往具备专业的技术能力，能够推出创新的高质量产品，替代传统市场上的同类产品。独一无二的高质量产品，是企业在激烈的市场竞争中脱颖而出的重要法宝。这样的产品不仅满足了消费者的基本需求，更能引领潮流和消费趋势。

"更值钱的企业"往往会投入大量的资源来开发新技术或新工艺，以确保产品的创新性和领先性。同时，它们会在生产过程中实施严格的质量控制措施，以确保产品的稳定性和可靠性。

此外，这些企业还注重产品的售后服务和客户体验，通过提供全方位的服务和支持来提升客户的忠诚度和满意度。这种以消费者为中心的理念有助于企业在市场中树立良好的口碑和形象，进一步巩固其优势地位。

例如，短视频具有信息传播速度快、内容丰富多样、用户黏性高等多重优势，成为当今时代备受欢迎的信息传播方式。一些短视频企业凭借其精准的产品定位及高质量的内容，成功吸引了庞大的用户群体，在激烈的市场竞争中占据了领先地位。

这些企业成功的关键在于能够精准把握市场趋势，不断创新产品和服务，以满足用户不断变化的需求。同时，它们还注重用户体验和社区建设，为用户提供了一个互动、分享、交流的平台，让用户获得归属感和乐趣，用户的忠诚度提升，黏性增强。

1.2.4 京东：即使亏钱也很值钱

在连续亏损、没有利润的情况下，传统实体企业往往难以支撑超过两年，最终难逃破产的命运。然而，在互联网时代，一些企业的运营逻辑发生了显著变化。

以长期亏损的互联网企业为例，虽然按照常规逻辑，它们应当因无法盈利而停业，但实际情况是，这些企业仍能获得投资者的资金支持，并且市值还在不断攀升。这背后的原因在于，在互联网领域，企业生态系统的重要性远超资产。而且，在数字化时代，数据的价值愈发凸显，甚至超越了产品本身的价值。这些因素共同决定了互联网企业在亏损状态下仍能持续发展并获得市场认可。

以京东为例。即使亏钱，京东也很值钱。作为我国电商市场的重要参与者，京东的地位不可忽视。它拥有庞大的用户基础和丰富的商品种类，能够满足消费者的多样化需求。此外，京东还具备强大的物流体系和供应链管理能力，能够保证商品快速配送和高效运营。这些优势使得京东在电商领域具有很强的竞争力和很高的市场份额。

京东一直走在技术创新前列。例如，它率先引入了人工智能、大数据等先进技术来提升用户体验和运营效率。技术创新为京东的未来发展提供了源源不断的动力。

虽然京东在某些时期亏损，但其多元化的盈利模式具有很强的盈利能力。除了电商业务外，京东还在金融、物流、云计算等领域布局，这些业务为京东提供了更多的盈利来源。同时，京东还通过拓展新的业务领域、加强与其他企业的合作进一步提升自身的竞争力和市场价值。

综上所述，尽管京东在某些时期亏损，但其庞大的用户群体、强大的供应链和物流能力、持续的技术创新及多元化的盈利模式使其仍然具有很高的市场价值。这也解释了为什么即使在亏损状态下，京东仍然很值钱。

1.3　关于资本的三个问题

资本在现代经济发展中扮演着至关重要的角色。它不仅是企业运营的基础，还是推动经济增长和社会发展的关键动力。然而，关于资本，一些企业还存在一些疑问和困惑，下面就来解决这些问题。

1.3.1　企业是不是任何时候都离不开资本

资本在企业发展中占据举足轻重的地位，重要性不容忽视。作为企业发展不可或缺的推动力，资本不仅为企业提供了稳定的资金保障，确保企业健康运转，还能推动企业迅速扩张和持续增长。可以说，无论企业处于什么发展阶段，其都离不开资本的助力。

资本可以帮助企业解决资金短缺问题，为其提供必要的运营资金和发展资金。这对初创企业和成长型企业尤为重要，因为它们往往面临资金紧张的问题。通过获取资本支持，企业可以更好地应对市场变化和业务需求，实现快速发展。

资本还可以帮助企业扩大规模和提高市场份额。通过投资或并购其他企业，企业可以快速进入新市场或获取新的客户群体，从而提高自身的竞争力。此外，资本还可以帮助企业进行技术研发和创新，提升产品质量和服务水平，进一步提高市场份额。

资本在为企业提供丰富资源和宝贵机会方面发挥着至关重要的作用。通过与资本紧密合作，企业能够获得营销推广渠道、人才等关键资源，推进业务顺利发展和市场拓展，实现更迅猛的发展。

然而，资本也存在一定的风险。在运营过程中，如果企业过度依赖资本支持，可能会面临资金链断裂等潜在风险。因此，企业在获取资本支持时需要谨慎评估风险，制订合理的发展计划和财务管理策略。

在我国饮料市场中，东鹏特饮以独特的品牌定位和营销策略，从一家濒临破产的小企业发展成为能量饮料细分领域的领军企业。在这一转变背后，资本起到了至关重要的作用。

在我国能量饮料市场起步阶段，东鹏特饮凭借其独特的市场定位和优质的产品崭露头角。然而，由于市场认知度低、销售渠道不畅等问题，东鹏特饮一度陷入困境。为了扭转颓势，东鹏特饮开始寻求外部投资，希望通过资本的力量实现快速扩张。

之后，东鹏特饮成功引入战略投资者，迎来了转折点。这些投资者不仅带来了资金，还带来了先进的管理理念和市场开拓经验。资本的加入为东鹏特饮提供了充足的资金支持，东鹏特饮得以扩大生产规模、优化产品配方，并加大品牌宣传力度。

在资本的推动下，东鹏特饮开始注重品牌建设，通过广告投放、明星代言等方式提高品牌知名度。同时，东鹏特饮还积极拓展销售渠道，将产品推向全国各地，尤其是二、三线城市和农村。此外，东鹏特饮针对不同消费群体推出了多样化的产品，满足了不同消费者的需求。

经过几年的努力，东鹏特饮的市场份额逐年攀升，逐渐成为能量饮料市场的领导者之一。

回顾东鹏特饮的发展历程，资本在其中发挥了不可或缺的作用。企业应该根据自身情况和市场需求，合理利用资本的力量，实现快速发展。

1.3.2　资本对行业"老二"有什么价值

作为行业"老二"的企业通常需要更多的资本来增加生产线、拓展新市场、提高研发能力和品牌知名度。资本可以帮助这些企业实现这些目标，进一步提升其市场份额和竞争力。

行业"老二"在发展过程中可能会面临各种风险和挑战，如市场竞争、技术变革、政策调整等。拥有足够的资本可以让这些企业更好地应对这些风险和挑战，保持稳健的发展态势。

资本还可以为行业"老二"提供并购和整合资源的机会。通过并购，这些企业可以迅速扩大规模、增强实力，实现跨越式发展。同时，整合资源也可以帮助这些企业提高运营效率和竞争力，实现协同效应。

在激烈的市场竞争中，人才是企业成功的关键。拥有足够的资本，企业可以为人才提供更好的薪酬和福利待遇，吸引和留住优秀的人才，从而提高自身核心竞争力。

在跨境电商领域，亚马逊和易贝是两大巨头，占据了大部分市场份额。在这个竞争激烈的行业中，对于那些位居行业"老二"的企业来说，资本的注入往往是实现突破的关键。

亚马逊的成功在很大程度上得益于早期的资本投入。亚马逊最初只是一家在线书店，然而，其创始人很快就意识到了互联网的潜力，于是将大量资本用于扩展产品线和技术开发。之后，亚马逊进行了首次公开募股，筹集了5400万美元，为快速增长提供了资金保障。上市后，亚马逊不断扩大业务范围，由最初的销售书籍延伸至涵盖全品类的商品领域，同时还布局云计算服务。这些战略举措使亚马逊发展成为全球最大的电子商务平台之一。

相比之下，易贝在资本运作方面则采取了不同的策略。易贝最初是一个在线拍卖网站，允许用户买卖各种物品。易贝的成功源于其独特的商业模式和社区驱动的交易平台。然而，随着时间的推移，易贝面临来自亚马逊等新兴电商平台的竞争压力。为了保持市场地位，易贝开始实施并购策略。

易贝以 15 亿美元收购了在线支付服务商 PayPal，这一举措不仅优化了易贝的支付系统，还为其带来了额外的收入来源。此外，易贝还通过多次并购来拓展业务，例如，收购了 Skype、StubHub 等企业。易贝通过巧妙的资本运作在竞争中保持了一定的优势。

亚马逊和易贝的案例表明，资本对行业"老二"的价值在于能够为其提供必要的资金支持，帮助企业扩张、创新和竞争。对于那些希望超越行业领导者的企业来说，有效地利用资本是实现这一目标的关键。

总的来说，资本对行业"老二"具有重要的价值。它不仅可以为企业提供资金支持，帮助其进行技术研发、市场拓展和品牌建设，还可以帮助企业应对市场变化，抓住机遇，实现跨越式发展。然而，企业在利用资本时也需要谨慎，确保其符合企业的战略目标，并能够为企业带来长期的利益。

1.3.3 思考：资本家会不会成为"拦路虎"

资本家是现代经济中的一个重要角色，他们的行为和决策往往对市场产生深远的影响。那么，资本家是否会成为"拦路虎"？

首先，我们需要明确什么是"拦路虎"。一般来说，"拦路虎"指的是阻碍我们前进的障碍或难题。在商业世界中，"拦路虎"是指限制企业发展、阻碍市场竞争或损害消费者利益的行为。因此，如果资本家的行为符合这些特点，那么他们确实有可能成为"拦路虎"。

然而，我们不能一概而论地认为所有的资本家都是"拦路虎"。事实上，许多资本家通过投资和创新，对社会产生积极影响。例如，一些风险投资者通过投资初创企业，帮助它们成长为行业领导者；一些大型企业通过并购和整合，优化资源配置，提高市场效率。这些行为不仅创造了就业机会，还促进了技术创新和市场竞争。

但是，我们也不能忽视那些可能存在的问题。例如，一些资本家为了追求利润最大化，可能会采取一些不道德或非法的手段，如垄断、欺诈等。这些行为不仅损害了消费者的利益，还破坏了市场公平竞争秩序。

因此，资本家是否成为"拦路虎"取决于他们的行为和决策。如果他们遵守法律法规，尊重市场规则，以公平和透明的方式经营，那么他们就不会成为"拦路虎"，反而会成为推动社会进步和经济繁荣的重要力量。然而，如果他们采取不道德或非法的手段，损害消费者利益或破坏市场公平竞争秩序，他们就可能成为"拦路虎"。

总之，资本家在商业世界中扮演着重要的角色，他们的行为和决策对市场和社会有着深远的影响。资本家应采取负责任的行为，以促进市场的公平竞争和社会的可持续发展。

1.4　记住，无形资本很重要

如今，商标、技术专利、人才、数据等无形资本在企业运营中发挥着越来越重要的作用。尽管这些资本不具备实体形态，但它们对企业增强核心竞争力、优化资源配置及提升价值具有举足轻重的意义。

1.4.1 无形资本之商标

商标作为一项重要的无形资本，不仅是企业产品或服务的独特标识，更是企业在市场竞争中的重要武器。《中华人民共和国商标法》第六十一条规定："对侵犯注册商标专用权的行为，工商行政管理部门有权依法查处；涉嫌犯罪的，应当及时移送司法机关依法处理。"

商标的重要性主要体现在以下几个方面，如图 1-3 所示。

图 1-3　商标的重要性

1. 品牌形象与认知度

商标是企业品牌形象的核心组成部分，帮助消费者识别和记忆企业的产品或服务。一个独特且便于记忆的商标可以极大地提高企业的品牌形象和认知度。

2. 品牌的独特性

商标注册后，其他企业均不得使用相同或相似的商标，这确保了品牌的独特性，防止其他企业侵权。如果发现其他企业使用了与本企业商标相同或相似的商标，企业可通过法律手段维护自身的权益。

3. 资产价值

企业可以通过转让、许可等合法途径，实现商标的商业价值，获得稳定的经济收益。随着企业规模的扩大和品牌影响力的增强，商标所蕴含的价值会相应提升，逐渐演变为企业发展的核心支撑和宝贵资产。因此，企业应重视商标的保护和管理，确保其价值最大化。

麦当劳是全球知名的快餐品牌，其商标不仅仅是一个标识，更是品牌影响力的凝结。它代表着麦当劳的品牌形象、价值观和业务理念，是麦当劳无形资本中最为核心和重要的部分。

麦当劳的商标能够跨越地域和文化的界限，使麦当劳的品牌形象深入人心。无论在哪个国家或地区，只要看到金色拱门，人们就会联想到美味的汉堡、薯条和快乐的童年时光。这种全球性的认知度使得麦当劳在全球范围内都能够获得消费者的认可和信任。

麦当劳的商标还代表着企业的信誉和品质保证。麦当劳始终坚持高标准的食品安全和质量控制，为消费者提供优质的产品和服务。这种信誉和品质保证使得麦当劳在消费者心中树立了良好的口碑，从而提升了品牌忠诚度和市场份额。

商标是麦当劳无形资本中最具价值的部分。根据相关评估机构的数据，麦当劳的商标价值已经超过百亿美元，是全球最具价值的商标之一。这一价值不仅体现在经济收益上，更体现在企业整体形象和品牌价值提升上。

此外，麦当劳的商标还具有强大的市场推广和营销能力。通过不断的广告宣传和品牌推广，麦当劳的商标深深烙印在消费者心中。这种广泛的知名度和美誉度使得麦当劳在市场上具有很高的竞争力，能够吸引更多的消费者。

综上所述，商标是一种无形资本，具有巨大的价值，是企业核心竞争力的体现，对企业长期发展具有至关重要的意义。因此，企业应加强对商标的管理和保护，充分发挥商标的价值和作用，为自身的持续发展和竞争提供有力支持。

1.4.2　无形资本之技术专利

技术专利是一种关键的无形资本，在企业运营中发挥着重要作用。首先，技术专利能够保护企业的创新成果，防止他人非法使用或模仿，从而维护企业的知识产权。其次，技术专利能显著提升企业的核心竞争力，使其在竞争激烈的市场中占据更大份额。最后，技术专利能产生经济效益，如通过专利转让、许可等途径，企业可以获取收益。

例如，华为在通信领域拥有大量技术专利，这些专利不仅为华为带来了丰厚的收益，还大幅提升了其在全球通信市场的竞争力。

首先，这些技术的研发与应用，对提升通信设备的性能、稳定性及安全性具有至关重要的意义。在 5G 时代，这些技术创新与 5G 网络的建设及运营效率息息相关，进而对整个行业的未来发展产生重要而深远的影响。

其次，华为在技术专利方面的积累，充分展现了其在技术创新方面的坚定决心。华为深知，技术创新是推动企业持续发展的核心动力。因此，华为高度重视技术研发，持续加大研发投入。为了不断提升自身的技术研发能力，华为积极引进优秀人才，并加强与高校和科研机构的合作。

面对激烈的市场竞争，申请专利成为华为重要的战略手段之一。在全球市场竞争日趋激烈的背景下，技术专利的拥有和保护显得尤为重要。它不仅是企业维护自身知识产权的必备手段，更是企业在市场竞争中取得优势地位的关键武器。通过申请专利，华为能够有效防范其他企业对其技术成果的模仿或盗用，进而确保自身市场地位和利益的稳固。

1.4.3　无形资本之人才

企业成功与否，在很大程度上取决于其是否拥有优秀的人才。优秀的人才能够带来创新的思维、高效的执行力和卓越的业绩，从而推动企业持续发展。人才对企业的价值主要体现在以下四个方面。

1. 创新能力

具备创新能力的人才能够持续为企业带来新颖的见解和切实可行的解决方案，从而助力企业在激烈的市场竞争中占据领导地位。他们能够预见市场趋势，开发出满足客户需求的新产品和服务，从而为企业创造更多的商业机会。

2. 执行力

优秀的人才能够高效地执行企业的战略和计划。他们具备较强的责任感和执行力，能够迅速响应市场变化，确保企业各项工作顺利开展。他们能够克服各种困难和挑战，带领团队取得成功。

3. 品牌形象

人才的专业能力和服务水平直接关系到客户对企业的认知和评价。因此，企业应该重视人才的选拔和培养，以提升品牌形象和客户满意度。一支具备高素质和专业技能的人才队伍能够提升企业的品牌形象，提升客户的信任度和忠诚度。

4. 企业文化

人才还代表着企业的文化和价值观，他们的行为、态度和信仰都会影响企业的形象和声誉。优秀的人才可以助力企业树立良好的形象，吸引更多客户和投资者。

人才是企业的无形资本，他们在企业发展和创新中起着至关重要的作用。企业应该重视人才培养和发展，为他们提供良好的工作环境和科学的发展计划，以激发他们的潜力和创造力。

1.4.4　无形资本之数据

《企业数据资源相关会计处理暂行规定》中规定："企业使用的数据资源，符合《企业会计准则第 6 号——无形资产》（财会〔2006〕3 号，以下简称无形资产准则）规定的定义和确认条件的，应当确认为无形资产。"

将数据视为企业的无形资本，并在资产负债表中由专门的科目体现，不仅有助于更准确地展现企业的实际价值，还有助于推动企业在数字化转型方面取得更大的进展，从而更加重视数据资产的价值发掘和应用。以下是数据作为企业无形资本的价值和作用。

1. 决策支持

通过收集并分析数据，企业得以更准确地把握市场需求、客户行为及竞争对手的动态，为决策提供有力支持。例如，通过分析销售数据，企业可以了解哪些产品受欢迎、哪些产品需要改进，从而调整产品线和营销策略。

2. 创新驱动

通过对庞大数据资源进行深入挖掘与精准分析，企业能够洞察市场趋势，发现新的商机和创新点，从而推动业务增长。例如，通过分析用户数据，企业能够洞察消费者的需求与痛点，进而研发出符合市场期待的新产品或服务。此外，数据能助力企业对既有产品或服务进行优化，进而提升用户体验及满意度。

3. 竞争优势

在数字化浪潮下，数据已成为企业间竞争的重要砝码。掌握丰富且高质量的数据资源，有助于企业在激烈的市场竞争中占据有利地位，并进一步巩固企业的竞争优势。例如，通过分析竞争对手的数据，企业可以了解竞争对手的战略和优势，从而制定出更有效的竞争策略。此外，数据能助力企业挖掘潜在的合作伙伴与商机，从而提升市场份额和影响力。

总之，数据是宝贵的无形资本，对企业的重要性不言而喻。企业需要将数据转化为有价值的洞察和行动，从而实现精准决策、创新驱动，构建竞争优势，实现持续发展。

2 第2章
底层逻辑：探索资本发展规律

资本是驱动现代社会经济发展的核心力量。随着全球化的深入推进，资本运作已经超越了地域限制，构建了纵横交织的全球经济网络。然而，资本的发展并非一帆风顺，往往伴随着市场波动、风险挑战。想要更好地利用资本，企业就要了解资本发展规律，合理进行资本规划，确保合规、合法。

2.1 "玩转"资本，要了解规律

资本不仅仅是金钱或资产，还是一种能够产生价值的资源。要"玩转"资本，企业就需要深入了解资本的本质和影响其发展的因素。此外，区分投资者与企业家也很重要，有助于企业更精准地把握资本动态，进而在资本市场中作出更为审慎和明智的决策。

2.1.1 资本的本质究竟是什么

资本的本质是一种经济资源，它代表了生产过程中用于创造价值的工具、设备、厂房、原材料及其他形式的资产。资本的核心特征是能够被用来生产商品或服务，从而创造额外的价值。

在经济学中，资本是生产要素之一，与劳动和土地同等重要。通过增加资本投入，企业可以有效提升生产效率，扩大生产规模，减少单位成本，创造更多利润。同时，资本的积累与再投资，在推动经济增长、促进技术进步等方面发挥着至关重要的作用。

社区团购的营销推广模式在一定程度上反映了资本的本质。这种模式通过集中采购和分销，利用资本的规模效应来降低成本，并通过社交网络和口碑传播快速扩大市场份额。

首先，社区团购平台通过大规模地采购商品，能够获得更低的价格，这是资本利用规模效应来降低成本的典型表现。规模经济使得平台能够提供更有竞争力的价格，吸引更多的消费者。

其次，社区团购平台通常需要大量的初始投资来打造物流网络、技术平台及购买仓储设施。这些投资是资本的积累，目的是实现长期的盈利和市场扩张。

最后，社区团购模式减少中间环节，提高了供应链效率。供应链效率的提升是资本追求利润最大化的体现，因为它能够降低运营成本并提高利润率。

总体而言，资本是一种经济资源，在生产过程中发挥着创造价值的核心作用。在当今的经济体系中，资本无疑是推动经济增长和技术革新的重要力量之一。

2.1.2　影响企业资本发展的瓶颈有哪些

影响企业资本发展的瓶颈主要有以下几个，如图 2-1 所示。

图 2-1　影响企业资本发展的瓶颈

1. 资金筹集困难

无论是初创企业还是成熟企业，都可能面临资金筹集困难这一问题，导致产品线拓展、产品研发、市场推广等工作难以开展。

2. 市场竞争压力大

随着市场竞争日益激烈，企业有可能面临市场份额减少、客户流失等多重风险。为了保持竞争力，企业需要不断投入资金进行技术研发、品牌建设等活动，而这些投入会给企业带来更大的财务压力。

3. 管理水平不足

随着企业规模不断扩大，其面临的管理挑战越来越大。如果企业的管理水平不足以适配企业规模，就可能导致企业内部沟通不畅、决策效率低下、资源浪费等问题，从而影响企业资本的发展。

4. 创新能力不足

在技术层面，一些企业始终未能找到明确的突破口和创新点，长期被技术难题困扰。这导致企业的产品竞争力逐渐减弱，市场竞争力下降。此外，一些企业缺乏能够推动技术创新和升级的专业人才，这使得企业面临溢价能力较弱、成本难以降低的风险。

5. 法律法规制约

企业资本在发展过程中可能受到各种法律法规的制约，如注册资本要求、税收政策、环保标准等。这些限制可能会增加企业的运营成本，降低企业的盈利能力，甚至可能导致企业陷入法律纠纷。

例如，根据诺基亚公司公布的调研数据，曾有近 80% 的消费者在更换手机时倾向于选择诺基亚品牌。然而，在苹果、小米等品牌崛起且市场竞争日趋激烈的大背景下，诺基亚已不再成为消费者选购手机时的首要选择，其昔日的辉煌逐渐黯淡，陷入资本发展瓶颈。

首先，诺基亚陷入资本发展瓶颈的主要原因在于市场定位出现偏差。在智能手机发展初期，诺基亚未能对市场需求的转变作出精准判断，也没有及时调整自己的市场定位。市场定位的失误导致诺基亚在智能手机市场的份额逐渐被竞争对手蚕食，最终失去了领导地位。

其次，技术创新的滞后也是诺基亚面临的重大瓶颈。在智能手机时代，技术创新成为企业获取竞争优势的关键。然而，诺基亚在硬件设计、软件应用和用户体验等方面的创新不足，未能跟上时代的步伐。这使得诺基亚的产品在性能和功能上无法满足消费者的需求，进一步加剧了市场份额的流失。

最后，诺基亚资本发展面临瓶颈的一个重要原因在于管理决策失误。在智能手机崭露头角之际，诺基亚的管理层过于自信，未能及时对其战略进行调整。当市场变化已经不可避免时，诺基亚才开始寻求外部合作，如与微软合作推出 Windows Phone 操作系统，但这一举措未能扭转乾坤。决策的滞后导致诺基亚错过了转型的最佳时机。

综上，企业在资本发展过程中必须时刻对市场变化保持敏感性，及时调整战略。同时，企业还需要在技术创新上持续投入，以保持竞争优势。

2.1.3　意识区别：投资者 VS 企业家

虽然投资者和企业家都与资本有关，但他们的角色、目标和行为方式存在显著差异。投资者通常是指将资金投入企业或市场，以期获得回报的自然人或法人，包括个人投资者和机构投资者，如养老基金、保险公司和投资基金。

投资者往往具备很强的分析能力和风险管理能力，可能会进行长期投资，也可能进行短期交易，这取决于他们的投资策略和市场情况。投资者在作出决策时，主要关注投资的风险和回报。他们会对市场趋势、行业前景、企业盈利等因素进行分析，以评估投资的收益和风险。

企业家则是创立和经营企业的人。他们通常具有创新思维和创业精神，能够发现市场机会并付诸实践。企业家的目标是通过推动企业成长和发展实现财富增长。他们需要承担更高的风险，因为企业成功与否直接关系到他们的财富和声誉。

企业家需要具备领导力、战略规划能力和执行力，他们需要不断地寻找新的商业机会，优化企业运营，以应对市场变化和激烈的竞争。

企业家在作出决策时，需要综合考虑企业的战略、运营、市场、竞争等多个方面。他们会投入大量的时间和精力来研究市场需求、开发新产品或服务，致力于提升品牌知名度。

投资者和企业家之间的区别在于，投资者更注重资金的回报率和风险管理，而企业家则更注重企业的长期发展和市场定位。投资者一般采取被动投资策略，购买股票、债券或其他金融产品，以获取相应回报。相对而言，企业家则是积极主动的创业者，通过创立并经营企业来实现财富增值。

2.1.4 一家"玩转"资本的游戏公司

在数字娱乐的浪潮中，腾讯以独特的资本策略和前瞻性的市场布局，成为游戏行业的领军企业。作为一家科技巨头，腾讯不仅在游戏开发和发布方面取得了巨大成功，更通过精准的投资和资本运作，构建了一个庞大的游戏生态系统。

2003 年，腾讯推出自主研发的首款游戏"QQ 游戏"，这标志着腾讯正式进军游戏市场。基于强大的社交网络基础，腾讯迅速在游戏行业中占据重要地位。之后，腾讯持续推出多款热门游戏，进一步巩固了在我国游戏市场中的领导地位。

然而，腾讯并未满足于现状。腾讯深知，想在全球游戏市场中占据主导地位，必须不断探寻新的增长动力和创新源泉。因此，腾讯进行了一系列资本运作。例如，腾讯斥资 4 亿美元成功收购了游戏公司 Riot Games，从而掌握了全球备受欢迎的游戏《英雄联盟》的经营权。这次收购不仅让腾讯在国际游戏市场上获得了重要的地位，也为其带来了丰厚的收益。

之后，腾讯完成了对芬兰游戏公司 Supercell 的收购。此次收购使得腾讯获得了多款备受欢迎的游戏，进一步巩固了其在全球游戏市场中的领导地位。此次收购体现了腾讯拓展业务版图、提升国际竞争力的决心，是腾讯在游戏领域迈出的重要一步。

通过资本运作，腾讯不仅积累了大量优质游戏资产，还构建了一个庞大的游戏生态系统。腾讯在游戏领域不断进行投资，为经济效益持续提升提供了坚实基础。

腾讯还通过精心策划并战略性地入股 Netmarble、Garena 等业界领军企业，成功进军海外游戏发行市场，提升了腾讯游戏的全球影响力和知名度，为其全球化发展奠定了坚实基础。

腾讯的成功引发了业界的广泛关注。许多人认为，腾讯的资本策略是其成功的关键所在。通过精准的投资和并购，腾讯不仅在游戏行业占据了领先地位，也为其长远发展奠定了基础。

无论如何，腾讯的成功都是不可否认的。作为一家"玩转"资本的科技公司，腾讯在游戏行业取得了巨大的成功，为整个行业树立了新的标杆。

2.2　根据资本逻辑规划资本

资本逻辑涉及资源配置、风险管理和长期战略目标实现，它要求企业深刻理解市场环境、准确评估自身能力、深入洞察未来趋势。根据资本逻辑规划资本，可以确保企业资本得到有效利用，支撑企业的长期发展，提高企业的竞争力。

2.2.1　误区：资本规划没有任何价值

在企业日常运营中，一个常见的误区是忽视资本规划的重要性。资本规划在企业运营中发挥着重要的作用，有助于企业实现长期的战略目标，优化资源配置，降低风险，提高竞争力。

资本规划对企业资金的合理配置与运用具有重要的作用，是确保企业正常运营和持续发展的基石。通过资本规划，企业可以全面把握自身的资金状况和需求，确保有足够的资金支持长期发展计划。

资本规划的核心环节是识别与评估各类风险，并据此制定科学有效的风险缓解策略。通过对资金的合理规划和管理，企业可以更好地控制财务风险和经营风险，避免因资金问题而陷入危机。而且，通过资本规划，企业可以在市场竞争中保持领先地位，通过有效的资本运作获取竞争优势。

苹果公司是全球最具价值的科技公司之一，其成功背后离不开精心的资本规划。苹果公司的资本规划策略，既注重短期财务表现，又着眼于长期创新和可持续发展。

首先，苹果公司通过严格的现金流管理，确保现金储备充足。这使得苹果公司不受市场波动的影响，同时为未来的投资和扩张提供资金保障。苹果公司的现金流管理策略包括优化供应链、控制库存、提高产品定价等。这些措施使得苹果公司能够在保持高利润率的同时，积累大量现金。

其次，苹果公司的资本规划强调持续进行研发投入。每年苹果公司都会将一部分利润投入研发，这不仅推动了苹果公司产品不断更新和升级，也为苹果公司在人工智能、增强现实（Augmented Reality，AR）等新兴技术领域取得领先地位奠定了基础。

最后，苹果公司的资本规划还包括对股东回报的考量。苹果公司通过定期支付股息和股票回购计划，向股东提供稳定的回报。这不仅增强了投资者对苹果公司的信心，还使得苹果公司在资本市场上保持良好的声誉。

资本规划对企业具有重要的价值，企业应该重视资本规划工作，建立完善的资本规划体系，确保更加合理、有效地运用和管理资金，为企业自身的长期发展提供有力保障。

2.2.2 经济规模和规模经济有什么差异

经济规模是指某一企业、产业或经济体的总体产出或所占市场份额的大小。此项量化指标是衡量企业或经济体规模的关键参数，能清晰地反映企业或经济体在市场中的地位及影响力。

规模经济是指随着产量的增加，平均生产成本不断降低的一种现象。但这局限于一定产量范围内，而非没有产量上限。规模经济反映了生产规模与经济效益之间的内在联系。如果企业能形成规模经济，那么企业将会获得很多优势，发展得更为顺利。

首先，规模经济对企业降低成本、提升盈利能力具有显著作用。随着生产规模的扩大，企业能够在更广泛的范围内分摊固定成本，进而有效降低单位产品的生产成本。此外，大规模生产还有助于企业提高生产效率，减少资源浪费，进一步降低成本。

其次，规模经济对提升企业的市场竞争力具有积极的推动作用。通过实现规模经济，企业可以生产出更多高质量、低价格的产品，从而吸引更多消费者。同时，大规模生产也有助于企业提高生产效率，缩短产品上市时间，快速响应市场需求。

格兰仕以其独特的规模经济战略，从一个小型工厂发展成为全球知名的家电品牌。格兰仕的成功不仅展现了规模经济的巨大潜力，也为其他企业提供了宝贵的经验。

格兰仕最初是一家生产电风扇的小作坊。其创始人凭借敏锐的市场洞察力和对技术创新的执着追求，将企业转型为微波炉生产企业。通过对研发和生产设备进行大规模投资，格兰仕实现了从手工制造到自动化生产的跨越，生产效率和产品质量大幅提升。

随着市场需求的增长，格兰仕进一步扩大生产规模。格兰仕建立了庞大的供应链体系，与原材料供应商、物流企业等建立长期合作关系，确保了生产所需原料的稳定供应和成本控制。同时，格兰仕还积极开拓国内外市场，通过出口和建立海外销售网络，将产品销往全球各地。

规模经济的优势在格兰仕的发展过程中得到了充分体现。首先，大规模生产使得单位成本下降，格兰仕的产品在价格上更具竞争优势。其次，规模经济使得格兰仕有能力投入更多资源进行技术研发和创新，不断推出新产品，满足市场需求。最后，规模经济使得格兰仕的品牌影响力增强，消费者对品牌的认知度和忠诚度提升。

2.2.3　低成本扩张可以成为现实吗

在理想情况下，企业低成本扩张是有可能成为现实的。低成本扩张主要指的是通过并购、整合等方式，实现规模扩张和市场份额提升，同时降低单位成本。但这需要企业具备一定的条件和采取相应的策略。

首先，低成本扩张的关键在于优化资源配置。企业需要通过精细化管理提高生产效率，降低原材料和能源消耗。例如，企业可以采用先进的生产技术和设备，建立严格的质量控制体系，推行节能减排措施，以降低成本。此外，企业还可以通过供应链管理来降低采购成本，通过与供应商建立长期合作关系，获得更优惠的价格和服务。

其次，创新是低成本扩张的重要驱动力。企业应不断研发新产品和服务，以满足不断变化的市场需求。通过创新，企业可以开发出成本效益高、附加值高的产品，从而在市场上获得竞争优势。创新还可以帮助企业开辟新的业务领域，实现多元化发展，降低对单一市场的依赖。

最后，企业应抓住数字化转型带来的机遇。数字技术的发展为企业提供了新的运营模式和商业模式。例如，通过电子商务平台，企业可以直接面向消费者销售产品，减少中间环节，降低营销和分销成本；利用大数据和人工智能技术，企业可以更准确地预测市场趋势，优化库存管理，减少库存积压和浪费。

当然，低成本扩张也面临着诸多挑战。市场竞争的加剧可能导致价格战，使得企业难以通过降低成本来获得竞争优势。此外，过度追求低成本可能导致产品质量和服务水平下降，影响企业的声誉和客户忠诚度。因此，企业在追求低成本扩张的过程中，应保持平衡，既要注重成本控制，也要保证产品和服务质量。

总之，低成本扩张是一个复杂的过程，企业需要综合考虑多个因素。企业可以通过优化资源配置、创新驱动、数字化转型等手段，在保持市场竞争力的同时实现低成本扩张。在这一过程中，企业需要具备敏锐的市场洞察力、高效的执行力和持续创新能力。

2.3 资本时代，企业如何进步

在资本时代，巧妙运用资本杠杆，成为企业实现可持续增长的关键。资本运作如同一把双刃剑，既能加速企业扩张，也可能带来潜在风险。因此，企业需根据自身的实际情况和发展需求，制定与自身能力相匹配的资本战略。同时，企业应严格遵守合规管理制度，始终把合规放在首位，确保资本运作的合规性。

2.3.1 将资本杠杆"撬"起来

在资本时代，企业可以有效地利用资本市场和金融工具，撬动资本杠杆，以最小的资本投入获得最大的经济收益。资本杠杆的使用可以极大地提高企业的盈利能力和市场竞争力，但同时也伴随一定的风险。因此，在撬动资本杠杆的过程中，企业需要谨慎考虑、科学决策，以实现稳健和可持续发展。

具体来说，企业可以通过以下三种方法撬动资本杠杆，如图 2-2 所示。

图 2-2　企业撬动资本杠杆的三种方法

1. 债务融资

企业可以通过向银行申请贷款、发行债券等方法筹集所需资金，进而利用这些资金进行投资、扩大规模或用于日常运营。债务融资的优势在于成本较低，但是企业需要履行到期还本付息的法定义务，在一定程度上可能加大企业的财务风险。

2. 股权融资

企业可以通过发行股票、引入战略投资者等方式筹集资金，这些资金可以用于企业的长期发展。股权融资的优势在于无须偿还本金和支付利息，降低了企业的财务压力。然而，这种融资方式可能会稀释企业创始人的股权，进而影响其决策权和控制权。

3. 资本运作

为优化资源配置、提升资产使用效率并实现资本增值，企业可采取并购、重组、资产剥离等多种策略。资本运作需要企业具备较强的市场洞察力和风险管理能力，以应对市场变化和潜在风险。

在撬动资本杠杆的过程中，企业需要进行资本管理，对自身的财务状况和市场环境进行全面分析，确保在可承受的风险范围内进行资本运作。此外，企业在制定资本运作策略时，应审慎评估市场环境、自身的竞争能力及未来发展趋势等诸多因素，以保证决策的科学性与合理性。

总之，撬动资本杠杆是企业实现快速发展和盈利增长的重要手段，但同时也需要企业在风险管理、决策科学性方面保持高度警惕。

2.3.2　资本战略与企业的能力匹配

资本战略与企业能力匹配是企业在资本运营过程中需要关注的核心问题。资本战略应当与企业的实力、发展阶段及市场环境等要素相匹配，以保障资本的高效利用和企业稳健发展。

首先，资本战略应与企业的生命周期阶段相匹配。在初创期，企业规模较小且产品尚未成熟，企业可选择稳健的资本战略，如吸纳天使投资资金等，以便获得关键的资源与支持。通过这一战略，企业可在初期稳健发展，并为后续成长奠定坚实基础。

随着企业进入快速发展期或平稳发展期，企业可以选择扩张型资本战略，通过债务融资、股权融资等方式筹集资金，以实现规模扩张和市场拓展。进入成熟期或衰退期，企业需要更加注重资本回报和风险控制，选择稳健或收缩型资本战略。

其次，资本战略应与企业的核心竞争力相匹配。为稳固和提升市场地位，企业应清晰界定自身的优势领域与核心竞争力，并通过资本运作加大对这些领域的投资力度。例如，技术密集型企业可以通过并购、投资、自主研发等方式获取先进技术，提升技术实力和产品创新能力。

然后，资本战略还需要与企业的财务状况和风险承受能力相匹配。企业在进行资本运作时，需要充分考虑自身的财务状况和风险承受能力，避免因过度举债或股权稀释等行为导致财务风险加大或控制权丧失。

最后，资本战略与企业能力的匹配还需要考虑市场环境的变化。随着市场竞争加剧，企业需要及时调整资本战略以适应市场变化。

例如，特斯拉在成立初期就明确了其在新能源汽车领域的战略定位，并投入巨资进行研发，以确保技术领先。这种战略选择需要巨额资金支持，而特斯拉通过 IPO（Initial Public Offering，首次公开募股）和后续的股权融资成功筹集了资金。特斯拉将这些资金用于研发、建设生产设施和销售网络，为快速扩张提供保障。

特斯拉的资本战略与其能力相辅相成。特斯拉通过不断的研发投入保持了技术领先地位，通过建设全球性销售网络扩大了市场份额。此外，特斯拉通过采用垂直整合的生产模式和自动化生产流程，优化了成本结构。

资本战略与企业能力匹配是企业进行资本运作的基础。企业需要根据自身实际情况和市场环境制定合适的资本战略，并对其不断优化和调整，以确保资本的有效利用和自身稳健发展。

2.3.3 合规永远都是重要的

合规管理已经成为企业管理体系中不可或缺的组成部分。合规管理是企业管理的重要基石，在助力企业树立良好的形象和信誉、降低企业在运营过程中所面临的风险、提升运营效率等方面，发挥着至关重要的作用。

首先，合规经营有助于企业树立良好的形象和信誉。在商业社会中，信誉是一种宝贵的无形资产。合规的企业能够更好地维护自身的品牌形象，赢得客户的信任和尊重。信誉的积累可以为企业带来更多的合作机会，有助于企业扩大市场份额，实现快速发展。

其次，合规经营能够显著降低企业在运营过程中所面临的风险。企业在经营过程中可能会遇到多种风险，而合规经营有助于企业精确地识别并评估这些风险。通过建立内部控制体系，企业能够预防或减少不合规行为，进而降低经营风险。风险管理可以使企业在复杂多变的市场环境中保持稳健的发展态势。

最后，合规经营对企业提升运营效率具有显著作用。通过构建完善的合规管理体系，企业得以规范化地管理各项流程，从而确保内部各部门和岗位职责与权限明晰，有效减少决策过程中的不确定性因素，提升决策质量和效率。

总之，合规是企业发展过程中重要的一环。在竞争激烈的商业环境中，企业不仅要追求经济效益，更要遵守法律法规、行业规范及道德准则，确保经营活动的合法性和正当性。

第3章

3

战略路线：让资本发挥最大价值

在进行资本运作时，企业要制定合适的战略路线，这样才能最大限度地发挥资本的价值。首先，企业需要将现金流作为核心资源，对其持续关注；其次，需要制定与时俱进的资本战略；最后，还需要制定中长期资本目标，实现持续发展。

3.1 企业核心资源：现金流

现金流是企业的核心资源，能够维持企业的日常运转，帮助企业及时应对各类突发事件。为了实现稳健发展，企业应该预留能够自由支配的现金，实现债务与现金流平衡，并了解分析项目现金流的方法，从而更好地管理现金流。

3.1.1 现金要能自由支配

现金流对企业发展十分重要，许多企业拥有很强的盈利能力，但是缺乏自由现金流。当发生意外事故时，这些企业可能会因为流动资金不足而破产。企业在提升盈利能力的同时，还要拥有足够的能够自由支配的现金流，以实现持续发展。

流水不腐，户枢不蠹。流动能带来旺盛的活力，资金也是如此，可以随时支配的资金拥有更大的价值。关于现金流有这样一则故事。

一位富翁十分珍爱自己的财富，他将一大袋黄金埋在石头下，每隔几天都会来看一看、摸一摸他心爱的黄金。

但有一天，一个小偷尾随富翁来到石头下，在富翁离开后就把这袋黄金偷走了。

富翁发觉黄金被人偷后，伤心欲绝。正巧一位长者途经此地，了解事情缘由后，他告诉富翁自己可以找回他的黄金。而后，这位长者拿起金色油漆，给这块大石头涂上颜色，在上面写下"一千两黄金"的字样。写完后，长者告诉富翁，从今天起，你又可以来这里看你的黄金，并且不用担心你的黄金被偷走了。

这位长者一语道破现金流的本质：如果不对黄金加以利用，那么黄金与石头并无区别。

经营企业也是如此。固定资产的价值回收较慢、维护费用较高，导致企业收益直线下降。在遇到金融危机时，固定资产也更容易大幅减值。

资金只有在流动中才能产生价值，流动其实就是指交易、投资等经济活动。让企业的资金流动起来，实际上就是将资金投入高价值的领域，让它产生更大的价值。

3.1.2　平衡债务与现金流

为了扩大规模，实现快速发展，许多企业可能会申请贷款以获取资金。在这种情况下，债务会对现金流造成影响，企业面临很大的还款压力。企业需要时刻关注自身的现金流情况，利用现金余额预警、项目现金流预测等方法，平衡债务与现金流的关系。

当企业背负的债务过多，债务金额远高于现金流时，极有可能导致现金流断裂，企业也就离破产不远了。面对这种情况，企业需要进行债务管理，将各类债务整合，从而减轻债务压力，让债务低于现金流。

债务整合就是企业根据自身需求，将不同利率、期限、额度的债务整合到一笔债务中。债务整合不仅可以减轻企业的债务管理负担，还可以有效降低还债利息、缩短还债期限、提高可支配收入，从多方面减轻企业的债务压力。

以降低还债利息为目的进行债务整合，需要企业引入一笔利率较低、期限较长的新债务。下面通过一个案例来详细讲述。

为扩大企业生产规模，陈女士申请多笔高息贷款。但应还利息越来越高，购入的原材料与机器设备尚未投入生产，企业的现有资金不足以偿还债务。陈女士十分担心自己的企业会因此破产。

在这种情况下，陈女士进行债务整合的首要目的是降低利率，因此她需要引入一笔利率较低、期限较长、还款额较低的债务，一次性偿还所有高息贷款，再慢慢偿还这笔债务。

而以缩短还债期限为目的进行债务整合，需要企业优先偿还价值最高或余额最少的债务，再引入一笔期限较短的债务。下面通过一个案例来详细讲述。

张先生的企业主营商铺投资，经营情况良好，几乎没有还款压力，但张先生希望能够尽早还清贷款。在这种情况下，张先生可以优先还清其中价值最高的商铺的债务，用这套商铺进行抵押贷款，并用得到的资金还清其他贷款。这样张先生就可以成功地将所有债务整合到一笔期限较短的抵押贷款中，缩短了还债期限。

此外，张先生也可以选择先还清余额最少的债务，再将多套商铺进行联合抵押，或者直接申请缩短按揭年限。当然，如果张先生的资金充裕，也可以通过短期借贷等方式缩短还债期限。

在偿还债务的过程中，企业要根据自身现有资金、经营状况、发展方向等进行动态筹划。债务整合的目的是偿还债务而非二次借贷，如果没有进行科学规划，企业很有可能会面临更大的债务风险。负债是一把双刃剑，在成功使债务低于现金流后，企业还要调整自身的发展方向，防止债务增加。

3.1.3 如何分析项目的现金流情况

分析项目现金流情况能够使企业更加了解自身的财务状况，从而确定未来的发展方向。发展良好的企业，项目现金流往往是正向的，即项目的收入大于项目的支出。企业还需要对项目现金流进行预测，从而对项目有一个全面的了解，判断项目的可行性。

例如，某项目运行初期需要投入 100 万元购买相关设备，在运行的 10 年间，每年的净利润为 10 万元，将设备转卖可获得 50 万元。看上去在项目落地 10 年后，企业便可盈利 50 万元，但在对该项目进行收益分析后，就会发现这个项目并不值得投资。在不考虑经营风险的情况下，该项目的现金流在折现后肯定会低于 50 万元。

进行现金流预测不仅可以判断项目的盈利情况，还可以帮助企业提前发现财务危机，及时采取措施消除不良影响。进行现金流预测不只是财务人员的工作，企业管理者也可以设置简单的现金流预测表，对项目甚至整个企业的运作进行预测与记录。

初次设计现金流预测表可能会花费一两个小时的时间，在设置完成后，企业需要每周或每月记录项目的实际运作，检测自己的预测是否准确，并进行下一个周期的预测。值得注意的是，现金流预测表的主要作用在于预测，而非记录。如果企业仅用它记录项目的资金流动情况，这个表就失去了最大的价值。

企业可以使用特定的现金流预测表模板，或设计一份简单的现金流预测表。通常情况下，现金流预测表需要包括项目收入与项目支出两大板块，同时，还应该分别记录各个时期的预测值和实际值，在对每次预测结果进行对比分析后，企业的预测会越来越准确。

现金流预测表能够将企业的营收情况直观地展现出来，帮助企业全方位地检视自身的经营状况。当企业遇到重大财务事件，如主要供应商要求提前付款、主要用户申请延迟付款等，企业可以清楚地了解这些事件会对资金情况产生的影响，从而采取相应的措施。

在进行现金流预测时，除了考虑项目时长、市场前景、潜在风险等因素外，以下三点也需要企业重点关注。

1. 区分相关成本和非相关成本

相关成本与项目运行直接相关，会影响特定决策，如边际成本、重置成本、未来成本等；非相关成本不会直接对项目运作产生影响，往往为项目的过去成本、沉没成本等。在对同一个项目进行二次预测时，那些曾经被计算的费用就是非相关成本的一种。如果将这些非相关成本也计入总成本，项目的盈利能力会被低估，企业也会因此制定错误的决策。

2. 不要忽视机会成本

机会成本与传统意义上的成本不同，它不是一种支出，而是企业需要放弃的潜在收益。企业的资金有限，当企业拥有多个投资机会时，其仅能选择其中一个投资机会，以实现投资回报最大化。而这意味着企业需要放弃别的投资机会的潜在收益。在进行现金流预测时，企业需要充分考虑机会成本，选择能产生最大效益的项目。

3. 充分考虑对其他项目和企业资金的影响

营运资金会在项目运作过程中自发产生，如随着产品库存增加，应收款与应付款都会相应增加，两者的差额即为项目所需营运资金。在进行现金流预测时，企业应该充分考虑该项目的资金占用情况及相应的成本，平衡整个企业的效益。

现金流是企业业务规模、盈利情况、收现能力等经营实力的体现，因此企业应该充分发挥现金流预测表的作用，为企业确定最合适的发展方向。

3.2 资本战略要与时俱进

时代不断发展和变化，企业的资本战略也要与时俱进，以确保企业在激烈的市场竞争中始终占据有利地位。企业需要从资本盘点、设定财富目标、打造利益共同体和重视产品研发等方面出发，制定合理的资本战略。

3.2.1 资本盘点与财富目标设定

在当今复杂多变的市场环境中，企业的生存与发展离不开对资本的深度理解和精准运用。资本盘点与财富目标的设定，是企业制定资本战略不可或缺的两个重要环节。这两者不仅紧密相连，更是推动企业持续稳定发展的核心驱动力。

资本盘点是对企业当前资本状况的全面审视与评估。它涵盖了企业的资金流、资产结构、负债状况、投资布局等多个方面。通过资本盘点，企业能够清晰地了解自身的资本实力、资本成本及资本利用效率，为后续的资本决策提供有力的数据支撑。同时，资本盘点还有助于企业发现资本运营中存在的问题，及时采取措施进行调整和优化，确保资本的安全和高效运用。

在资本盘点的基础上，企业需要制定明确的财富目标。财富目标是企业对未来一段时间内资本增长和收益水平的期望和规划。它应该与企业的长期发展战略相契合，既要有一定的挑战性，又要具备可实现性。通过设定财富目标，企业能够明确资本增值的方向和路径，为资本的有效运用提供明确的指导。

在设定财富目标时，企业需要考虑多方面因素。首先，要充分考虑市场环境的变化和竞争格局的演变，确保目标的合理性和可行性。其次，要结合企业的实际情况和优势资源，制定具有针对性的财富目标。最后，还需要关注风险控制和合规性要求，确保资本运用的合规性和安全性。

资本盘点与财富目标的设定并非一蹴而就的过程，而是一个持续迭代和优化的过程。随着市场环境的变化和企业自身的发展，企业需要不断地对资本进行盘点和评估，对财富目标进行调整和优化。只有这样，企业才能确保资本的有效运用和财富的持续增长。

企业可以建立完善的资本管理制度和流程，确保资本盘点的准确性和完整性，提升资本盘点的效率和效果。同时，企业要加强对资本运作的监控和分析，及时发现和解决资本运作中存在的问题。

在设定财富目标时，企业要采取科学的方法和程序，确保目标的合理性和可实现性。同时，企业要加强对财富目标的追踪和评估，确保目标的实现和持续改进。

此外，企业要加强与金融机构、投资者和合作伙伴的沟通与合作，共同推动资本的有效运用和财富的持续增长。通过共享资源、互通有无，实现互利共赢、共同发展。

总之，资本盘点与财富目标的设定是企业制定资本战略的重要环节。通过全面审视和评估企业的资本状况，制定明确的财富目标，企业能够确保资本的有效运用和财富的持续增长。

3.2.2　基于资本打造利益共同体

当各类主体拥有共同利益时，他们命运与共，会因为利益而合作，共同实现利益增长。为了激励员工，许多企业实行股权激励。股权激励能够使企业与员工拥有共同的利益，形成利益共同体。在利益共同体关系下，员工能够更加认真地工作，避免作出损害企业整体利益的行为，催生资本裂变。

华为是国内最早实行员工持股的企业之一。在创办初期，华为面临融资困难的问题，其管理层启动员工持股计划，通过内部员工持股的方式进行融资。发展到一定阶段，华为将员工持有的股票转化为虚拟受限股。华为在企业内部选举持股员工代表，让这些员工代表全体持股员工参与到企业管理中。

员工持股计划将华为的发展与员工的个人价值进行有机结合，由此形成的利益共同体反过来推动企业的资本裂变，使华为成为世界 500 强的企业之一。

除经济效益外，员工持股还能创造巨大的社会效益，主要体现在以下三个方面，如图 3-1 所示。

構建新型
劳资关系

完善企业
治理结构

提升企业的
市场竞争力

图 3-1　员工持股创造的社会效益

1. 构建新型劳资关系

劳资关系即劳动者与资本所有者的关系。员工持股计划使得员工同时拥有劳动者与资本所有者两种身份，这样不仅可以提升员工的工作热情，还可以有效缓和劳资矛盾，构建新型劳资关系。

2. 完善企业治理结构

员工持股会在一定程度上改变企业的股权架构，持股员工代表有机会以股东的身份参与企业决策。这使得企业的治理模式更为切实可行，从而推动企业治理结构进一步完善。

3. 提升企业的市场竞争力

随着员工持股计划的实行，员工与企业风险共担、利益共享的利益共同体逐渐形成。这不仅有利于提高员工的工作积极性和企业的凝聚力，还有利于提高企业的市场竞争力。

随着相关法律法规的完善，如今不少上市企业都实施员工持股计划。在推行这一计划时，企业务必确保所有操作合法合规，严格遵守相关法律法规。同时，企业应积极总结经验，不断吸取教训，并根据市场变化和自身发展需要对员工持股计划进行动态调整。通过这一方式，企业能够充分激发员工的积极性和创造力，使他们在企业发展中发挥更大的作用，从而实现经济效益与社会效益的双赢，推动企业的全方位提升。

3.2.3　重视产品研发

技术创新是企业提高市场竞争力、发展壮大的根本动力。因此，企业需要加大产品研发投入，在研发方面不能吝啬。优质的产品能够提高企业营收，巩固企业在行业中的地位。

例如，作为国内植物蛋白饮品行业的佼佼者，养元饮品在打造"六个核桃"后，依然在产品研发方面投入巨资，推出其他的战略单品，持续加码植物蛋白饮品市场。

养元饮品表示，将持续加大在产品方面的研发投入，实现管理、研发、产品、品牌等全方位升级，实现业绩稳步增长。

养元饮品与北京工商大学联合承办"中国核桃产业研究院"，推出产品"六个核桃2430"。该产品基于疾控中心发布的《补充核桃对学生记忆作用的随机双盲对照研究》而研发，具有权威学术报告的支撑，消费者更安心。该产品每罐含有24克核桃仁，学生连续饮用30天，记忆力会有所提升。同时，基于"全核桃CET冷萃工艺"和"五重细化研磨工艺"，该系列产品的口感和营养价值进一步升级。

此外，养元饮品还成立博士后科研工作站，在产品研发方面投入很多精力和资源。养元饮品的企业财报显示，其研发费用逐年增加。养元饮品表示，其将进一步扩展植物奶品类，推出更多新产品，持续加码市场布局。

在产品研发方面加大投入可以提升产品的市场竞争力，实现资本战略优化。对于企业而言，决定其行业地位的一个关键因素是产品，其研发投入最终都会在产品上得到体现。因此，企业需要更加重视产品研发，全方位提升产品竞争力，为可持续发展奠定基础。

3.3 拉长战线：中长期资本目标

企业在制定战略目标时，不仅需要制定短期目标，还需要制定中长期资本目标。这一目标的设定，需紧密结合企业的实际经营状况、核心业务发展需要及市场发展趋势，确保企业能够稳健持续地发展。

3.3.1 战略意识：选择具有战略价值的投资者

在发展过程中，企业不仅要有优质的项目，还要有优质的投资者。优质的投资者不仅可以为企业提供资金支持，还可以为企业提供其他方面的帮助，助力企业快速发展。然而，寻找投资者不是一件易事，找到适合企业的投资者更是难上加难。对此，企业可以从战略价值的角度出发，寻找合适的投资者。

融资是创业者与投资者相互选择的过程。投资者选择项目时，更注重创业团队的能力及项目的质量。创业者选择投资者时，不仅要关注投资者提供的资金数额，还要关注投资者能否为企业带来战略价值。

一些投资者可以为企业吸引更多的流量，或者能够补充企业的短板。这样的投资者的确可以带来战略价值，但仅有这些是不够的。战略价值通常分为以下三个层次。

1. 上下游资源的提供

对于企业而言，资金之外的战略、资源、人才等方面的支持也非常重要。优质的投资者会根据项目的发展情况及时提供资金及后续的资源支持，这样既有助于项目的长久发展，也能提升自己的投资回报率。

凡客诚品在创立初期曾多次遭遇困难，其投资者雷军多次挺身而出，帮助其渡过难关。凡客诚品在服装界的超高知名度与雷军的帮助不无关系，其创始人陈年与其投资者雷军的友谊也被传为佳话。

2. 投资者的市场敏锐度

企业需要选择了解行业趋势、能够快速洞察市场风向的投资者。经验丰富的投资者通常具备前瞻性思维，他们习惯于将眼光放到 3～5 年后，并以此为基础助力企业制定战略方向。这些投资者往往不局限于项目当前的盈利状况，而是坚信这些项目在未来将展现出更大的价值和潜力。

3. 核心能力的补充

企业还需要关注投资者能否为自己提供生态扶持、助力自己挖掘用户数据的价值等，以补充自己的核心能力。如果投资者在行业中有一定的声望，那么可以为企业提供一定的背书，但是背书效果难以衡量，在不同行业中存在较大差异。

总而言之，那些无法用钱买到的战略资源更具战略价值。

在选择投资者时，创业者必须保持竞争性思维，深入思考投资者希望实现的战略协同效应、竞争对手所采用的策略，以及投资者的竞争对手可能的考量。即便创业者不认为某个投资者能为企业带来巨大的价值，但一旦投资者带着丰富的资源或业务协同效应转向竞争对手，竞争格局便可能发生颠覆性的变化。

3.3.2 境内架构 VS 境外架构

为了实现长久发展，企业需要制订长期发展计划，谨慎选择首轮融资方式，谨慎考虑是使用境内融资架构还是境外融资架构。在选择融资架构的问题上，企业可以从以下几个方面出发。

首先，企业可以根据自身对融资金额的需求进行选择。

通常情况下，境内市场的后续融资能力不如境外市场。例如，某企业选择在境内市场上市，为实现盈利要求，始终不敢扩大生产规模、抢占市场份额。随着市场格局发生变化，许多行业巨头加大了在该领域的资金投入，这家企业在保利润和保增长之间举棋不定，最终选择放弃盈利要求，搭建海外架构加入补贴战。

那些需要大量资金才能实现快速发展的企业，通常会选择境外架构，因为境外架构提供的融资金额较大、退出期限相对宽松。

其次，企业可以根据未来的上市地进行反选。

很多企业会盲目追随市场热点。听说境内市场推出战略新兴板块就将境外架构拆除，听说境外市场融资金额大又重新搭建境外架构，听说新三板市场更有前景就为企业挂牌。这些企业随着市场热点的变化频繁更改发展方向，除了消耗大量的资金和精力外，还可能会因此错过最佳的上市时机。

境内外市场的上市逻辑不尽相同，政策与监管力度的变化会对境内市场产生更大的影响，而市场发展趋势会对境外市场产生更大的影响。因此，企业需要根据行业情况和自身需求进行合理选择。

例如，某企业在境外没有对标企业，市场空间不足百亿元。如果这家企业选择境外架构，在上市后体量没有扩大，就很难受到投资者的青睐，未来进行融资和退市都可能出现问题。

在选择境内架构还是境外架构这一问题上，企业需要深思熟虑，确定答案后就要迅速行动。同时，企业还要长期关注资本市场，把握其最新动向和发展趋势。

3.3.3　对市场要有很高的敏感度

为了顺利达成上市的目标，企业需要具有超前的意识，对市场要有很高的敏感度。

在进行上市准备时，企业需要花费大量的时间解决许多问题。例如，财务与税务问题、团队搭建、投行团队的选择等。

首次公开募股的企业尤其需要警惕"窗口效应"。在某些情况下，短短三个月的市场波动便足以对企业估值产生深远的影响。有些企业因未能抓住最佳时机，导致上市失败，晚一天上市，融资数额就可能存在上亿美元的差异。

过去，许多互联网企业选择海外上市，但短短数月后，市场风云变幻，几家经营状况相近的企业的估值大相径庭。

IPO 窗口期是企业实现弯道超车的绝佳机会。例如，某娱乐企业抓住了这一机会成功实现境内上市，其估值远超海外上市的同行，一跃成为行业领军者。

此外，选择合适的时机退出市场也很重要，有利于企业实现利益最大化。然而，许多创始人往往过于乐观，只在企业发展遭遇瓶颈时才会考虑将企业出售。但商业世界变幻莫测，不会给任何人重新选择的机会。因此，企业必须时刻保持较高的市场敏感度，抓住转瞬即逝的最佳退出时机。

市场充满了变数，只有具备超前意识，提前规划好企业未来 3～5 年的发展路径，企业才能更好地应对复杂多变的资本市场，最终实现基业长青。

下篇　布局资本运作战略

4

第4章

全局规划：前线与后方缺一不可

在布局资本运作战略时，企业需要从全局的角度进行规划，包括在目标层制定合适的目标、在执行层采取合适的方法执行规划和做好"后方"的保障，实现资源的有效集中，高效达成目标。通过多方协同、周密规划，企业能够迅速实现盈利增长，进而提升整体价值，实现可持续发展。

4.1 目标层规划

企业在进行全局规划时，需要对目标层进行规划。企业可以从做好自身定位、制定有时间限制的目标、建设企业团队三个方面入手，完成目标层规划。制定目标层规划，有利于规范员工的行为，使业务朝着科学、规范的方向发展。

4.1.1 挖掘企业的独特之处

企业在进行目标规划时，需要对自身进行了解，挖掘自身价值，明确自身的战略定位。企业可以对现有的资源进行总结，并根据资源制定科学合理的发展战略，发挥自己最大的价值。

企业创始人了解企业的独特之处吗？在市场层面，创始人是否在发现某个客户需求后，讨论出最优质的解决方案？在技术层面，创始人是否掌握某种最新技术，并能将其转化为产品而盈利？在团队层面，创始人是否拥有清晰的愿景、文化、价值观？

创始人也可以从以下几个方面挖掘企业的独特之处。

（1）经验：在既往发展历史中，是否积累了丰富经验？

（2）优势：是否具备一项或多项比较独特的优势？

（3）资金：是否具备启动资金，是否可以获取足够的资金？

（4）机会：是否已经发现当前市场的空白和客户的痛点？

（5）热情：员工是否具有热情和渴望，面对某些工作、业务是否会激动不已？

（6）抗压：员工是否有迎接高强度付出和面对许多困难的心理准备？

总之，在激烈的市场竞争中，企业只有对自身进行深入了解，才能明确自身的优势和短板，充分发挥自身优势。

4.1.2　提出一个有时间限制的目标

在制定目标时，企业一定要设置明确的达成时限。目标是对计划的设想与展望，如果企业设置的目标没有明确时限，那么目标就可能无法达成。企业在制定具体的发展目标后，可以将该目标进行进一步分解并规定具体完成时间，这可以提高目标的可执行性和达成率。

然而，在实际操作中，不少创业者在为企业设定经营目标时，却常常忽视为这些目标设置完成时限。即便是极具可行性的目标，也常因没有时间规划而被一拖再拖。创业初期的不确定性和风险性较高，如果目标的完成时限很模糊或者没有时限，那么目标往往会被暂时搁置。

为目标设定明确的完成时限，有助于在企业内部自上而下形成一种紧迫的工作氛围，员工会为实现目标而集中精力。正如火箭发射前的倒数计时，目的就是将工作人员的注意力集中。在工作中，完成时限会对各部门产生约束作用，促使它们集中精力。

例如，管理层需要获得用户反馈，如果不将目标进行分解也不设置时限，售后部门很容易消极怠工。如果管理层要求在一周内收集 1 万份用户反馈，那么售后部门就能合理地给员工分配任务，员工会有紧迫感。

当然，时限的设置不能盲目，需要充分考虑其合理性。例如，研发部门正在进行产品的迭代升级，正常情况下需要一个月的时间，但管理层要求它们在一周内完成，这是不合理的。盲目地设置目标完成时限，不仅会扼杀员工的积极性，还会导致他们的工作质量降低。

企业可以根据实际情况和目标的完成度灵活调整目标完成时限。例如，企业需要 1 万份用户反馈，经过多次测试，售后部门每周可以提供 4000 份。那么企业不妨先将时限放宽，在售后部门每次完成目标后，小幅度地缩短时限，最终达到 1 周收集 1 万份用户反馈的目标。

有时限的目标往往具有很高的可执行性。同时，还可以培养员工定时、超额完成任务的习惯，更好地推动企业的长远发展。

在设置好长远目标后，首先，企业要将其拆分为短期目标；其次，要为这些短期目标设置时限。随着短期目标一个个完成，企业会越来越接近最先设置的长远目标。这样企业才能实现长远发展，实现持续的收入增长。

4.1.3　建设团队，加强人才管理

在竞争激烈的市场环境下，优秀的团队有利于提升企业的核心竞争力。企业工作的开展离不开团队的努力，如果没有优质的团队，企业就无法继续发展。在

当今时代，企业需要加强团队管理，提高团队的整体素质。

可视化成为现代企业管理的一个重要特征，而行程看板则是实现可视化的一个重要工具。通过行程看板管理团队，管理者不仅可以掌握团队的工作进度，还可以了解各位员工的工作情况，真正实现物尽其用、人尽其才。

在使用行程看板进行团队管理时，管理者需要注意以下三个方面。

（1）在建立行程看板时，一定要保证其可视化作用充分发挥。例如，行程看板的布局合理、设计醒目，被放置在显眼的位置等。

（2）使用行程看板前，要思考如何规避可能出现的问题及出现问题后如何整改。

（3）要保证行程看板可以及时反馈员工的目标完成情况。

除上述三个方面外，行程看板的内容也非常重要。一般情况下，行程看板应包含企业愿景、年度目标、月度目标、每月业绩、每周业绩、完成值、完成率等内容。

如果条件允许，企业可以把团队中每位员工的目标及目标完成情况用行程看板展示出来。然后把行程看板摆在最显眼的地方，让所有员工都可以看到。

对于业绩好的员工来说，行程看板可以使他们增强信心，促使他们继续保持；而对于业绩不好的员工来说，行程看板则可以给他们施加压力，推动他们不断进步。

4.2 执行层规划

在制定目标后，企业还需在执行层进行规划，制定明确的目标执行方案。企业应当选择合理的组织架构，进行合理分工；勾勒用户视图，全方位了解用户；将任务授权给合适的人才，高效完成任务。

4.2.1　选择组织架构，合理分工

作为企业管理中的重要部分，一个全面的、完善的组织架构能够使企业内部各个部门、各个员工之间的分工更加合理，提高企业的整体工作效率。那么，该如何搭建一个合理的组织架构呢？下面就来解决这一问题。

联创世纪商学院总结出设置组织架构的"5 步法"，即战略对接、选择类型、划分部门、划分职能、确定层级。

第 1 步，战略对接。组织架构的设置应该是战略为先，组织架构后行。依照战略设置出来的组织架构要更加科学，而且资源分配也比较合理。另外，因为战略和组织架构相互契合，所以企业的发展不会偏离轨道，管理者只需要衡量目标是否达成即可。

第 2 步，选择类型。设置组织架构的第 2 步是选择类型，即采用直线型、职能型，还是矩阵型、事业部型、区域型。在进行这一步时，必须以战略、企业管理方式等因素为基础。由于不同发展阶段所需要的组织架构不同，因此企业需要根据实际情况进行选择。

第 3 步，划分部门。完成战略对接，选择好类型以后，企业就可以划分部门。随着企业发展壮大，企业的业务会越来越多，分工也会越来越细。但是当分工细到一定程度时，一个层级的管理就超出了限度。在这种情况下，企业就可以把职能相近或者联系度高的部门整合起来，然后指派能力较强的管理者负责管理。

第 4 步，划分职能。企业选择的组织架构类型不同，所需要的职能也会有所不同。企业中的每个部门都有自己的职能，都要承担相应的责任、履行相应的义务。职能划分得更具体，各部门的岗位设置就会更合理，员工的工作内容就会更明确，企业的发展态势也就更迅猛。

第 5 步，确定层级。一般情况下，企业的层级有四个，分别为决策层、管理层、执行层、操作层。其中，决策层的人数最少，操作层的人数最多。要确定合

理的层级，除了要考虑企业的职能划分外，还应该制定有效的管理制度。同时，各层级之间应该自上而下地实施管理与监督的权力。

与组织架构相比，职能指一个岗位所要完成的工作及所应该承担的责任，也可以视为职务和能力的统一。在进行职能设计时，企业可以采用下行法和上行法两种方法。

1. 下行法

下行法就是从组织战略出发，以流程为依托，进行职责划分的系统方法。简单来说，就是企业通过对战略进行分解，确认各个岗位的职责，赋予岗位相应权限。

首先，用精练的语言表述设置该岗位的目的，一般编写的格式为：工作依据＋工作内容（岗位的核心职责）＋工作成果；其次，确定关键成果，即这个岗位应该取得哪些成果；最后，根据关键成果确定岗位的职责，并在此基础上，明确每个员工的职责。

完成上述三个步骤后，企业还要进行职责描述，即说明员工所负有的职责及应取得的工作结果，可以表述为：做什么＋工作结果。

2. 上行法

上行法需要企业从工作要素出发，通过对当前的基础性工作进行逻辑上的归类，从而形成任务，并进行任务归类，最终明确职责描述。

首先，罗列任务，明确必须执行的任务；其次，对每项工作进行总结，确定每项工作的目的或者目标；再次，对任务进行分析与合并，完成对任务的归纳；最后，描述各个岗位的主要职责，用简单的语言清晰地表述出来。

上行法是进行职能设计时经常使用的方法。在发展过程中，如果企业对某职责有需求，就应该第一时间将该职责的全部任务归纳起来，进行分析与合并，通过这种方式优化工作流程，确保任务高效执行。

4.2.2　构建一幅用户视图

在大数据时代，得用户者得天下，企业需要关注用户的想法，满足用户的需求。企业可以通过整合用户消费数据的方法构建用户视图，借助用户视图，企业能够更加了解用户，有效提升用户转化率和活跃度，获得更多盈利。

企业产品往往会在多个渠道同步销售，同一个用户可能会在不同渠道接触到产品，从而产生不同的数据。对此，企业可以将用户产生的所有数据进行匹配、整合并对其进行分析，从而了解其消费情况，由此构建出用户的综合视图，即用户视图。

构建用户视图的逻辑很简单，但是多渠道会产生大量冗杂的数据。如何高效筛选和精准匹配信息，是企业构建用户视图过程中面临的主要挑战。那么，企业应当如何克服这些难题，成功构建用户视图呢？

1. 数据识别

如果企业可以在数据产生的瞬间就对其进行识别，就能极大地减少工作量。因此，企业需要搭建用户数据管理平台，将全部的用户信息导入，并对其进行初步处理，如剔除重复数据、标记相似数据等。然后，再由专业人士对这些数据进行进一步分析。

用户数据管理平台专门用于用户数据的筛选和分类。因此，它需要拥有庞大的数据库，整合来自线上和线下的全部用户数据，并对用户的浏览、购买、投诉、退换货等数据进行分类识别。这样，企业便可初步了解用户的购物倾向与购物习惯。

对用户数据进行人工识别需要消耗大量成本，企业可以借助技术手段搭建电子平台，或者直接租用其他企业的数据处理服务，以更高效、更经济的方式完成数据识别与预处理工作。

2. 数据整合

在初步处理数据后，将来自不同渠道的数据进行关联，是构建用户视图最重要的一步。

现代人的信息保护意识逐渐觉醒，并非所有用户都会留下自己的真实信息，数据匹配也因此变得更加困难。在这种情况下，如果将来自不同渠道的信息按重复字段进行匹配，工作量很大，工作效率和成功率很低。

目前，几乎每个平台都会让用户使用手机号进行身份认证，因此，企业可以将手机号作为连接纽带，借助它将各个渠道的信息关联起来。在找到数据源头后，再利用用户的姓名、电子邮箱、收货地址等附加信息，对原有数据进行补充。

此外，由于用户数据具有时效性，因此企业还要及时对用户数据进行更新，及时为用户提供其需要的服务。这样企业才能与用户进行适时、适当的沟通，从而促进用户的转化与回流。同时，企业也需要加强信息安全防护，预防数据泄露。

精准的数据是销售的基础，真实的数据是企业作出产品决策的前提。如果企业能将自有数据进行沉淀，就可以通过用户视图更准确地了解用户需求，并将产品信息和优惠活动精准投放给有需求的用户，为用户提供优质、个性化的服务。这样也能极大地提升用户活跃度，增加企业盈利点。

4.2.3　将任务授权给合适的人才

企业在进行运营管理时，需要注意团队的人员分工，将任务授权给合适的人才。企业需要根据团队成员的能力、经验进行任务分配，保证任务分配合理、公正，以提高团队的工作效率。例如，让市场团队致力于市场调研，明确企业未来的发展方向；让运营团队致力于用户运营，促进用户形成品牌认知；让研发团队致力于产品升级，进一步形成品牌优势。

对不同部门、不同员工进行合理分工及授权，可以提升员工工作效率，也可以增强他们的归属感和责任感，实现规模化管理。在给员工授权时，企业应注意的事项，如图 4-2 所示。

图 4-2　给员工授权的注意事项

1. 合理分工，权责一致

有效授权需要以合理分工为基础。这就要求企业要综合评估团队中每个人的业务能力和职业素质，并根据每个人的特点，给他们分配最合适的工作，充分激发他们的潜力。

在分配工作时，切忌出现简单的工作多人负责、复杂的工作无人负责的情况。同时，权责一致是授权的前提，企业需要让每个人都了解自己的任务、权利和职责，并给予他们相应的支持，这样才能推动企业实现更好的发展。

2. 专注决策，适当放权

优秀的管理者不仅擅长把控大局，更懂得适当放权。他们负责作出关乎企业长远发展的核心决策，将具体任务和目标分解后，委派给各部门执行，而非凡事亲力亲为。

实际上，将权力下放是对员工能力的认同。如果企业频繁地督查员工的工作，可能会让员工感觉企业不信任自己，容易引起员工的反感。阻碍一个人犯错，在某种程度上就是阻碍他的成长。给员工提供更大的发挥才能的空间，才能充分激发员工的潜能。

将权力交给那些有能力的员工，不仅可以帮助他们快速成长，还能减轻管理层的压力，他们可以将工作重心转移到企业长远发展上来，为企业创造更大的效益。

4.3　后方规划

在制定发展目标和执行方案后，企业还需要对"后方"进行规划。通过建立明确的决策体系，分清团队的权、责、利，明确业务和管理模式，企业能够夯实内部基础，实现稳健且可持续的发展。"后方"规划不仅有助于企业应对外部市场带来的挑战，还有助于企业在激烈竞争中保持稳固的地位，为企业的长远发展奠定坚实基础。

4.3.1　决策体系：目标是保护"前线"

在现代商业环境中，合理的决策体系能够有效推动各项决策执行，提高工作效率。为了提高决策能力，许多企业采用法人治理模式。法律为企业赋予人格，使其拥有了相应的决策与管理能力，法人治理模式成为现代企业制度的核心。

企业主要由股东会、董事会、经理层、监事会共同治理，每部分掌握不同的权力，企业的决策体系也因此形成层级结构。

股东会是第一层次，也是企业的最高权力机构；董事会是第二层次，成员由股东会选举产生，对企业的重大经营活动进行决策；经理层是第三层次，由董事会聘任，是企业日常事务的执行机构；而监事会是企业的监督机构，通常情况下不参与企业决策。

《中华人民共和国公司法》（以下简称《公司法》）对这四部分的产生、组成、职权、行事的规则等均作出了详细规定。法人治理模式拥有法治基础，在采用法人治理模式时，企业应当遵循的原则，如图 4-3 所示。

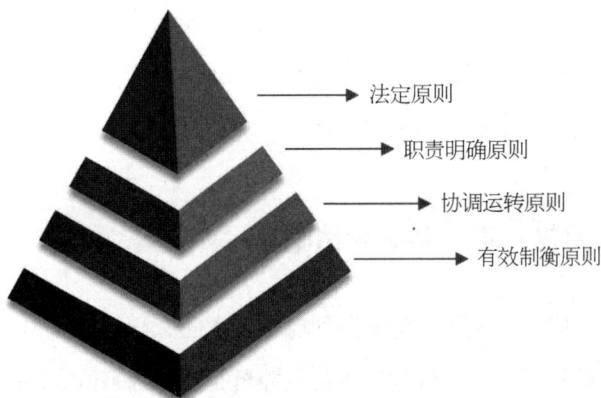

图 4-3　采用法人治理模式应遵循的原则

1. 法定原则

企业股东会、董事会、经理层、监事会的基本权利和义务必须严格遵循相关法律的规定。在法律框架内行事，不仅是企业的责任，也是确保企业合规经营、健康发展的基石。

2. 职责明确原则

法人治理模式强调各层级分工明确，确保每个层级都能各司其职、各负其责。同时，企业应避免权力交叠和职责冲突，从而确保各层级职责的正常行使，使治理模式能够充分发挥其应有的作用。

3. 协调运转原则

法人治理模式的各层级需紧密合作，形成协同效应。各层级间相互协调、相互配合，能够确保整个治理模式高效运转，进而更好地实现企业的治理目标。

4. 有效制衡原则

法人治理模式还要求各层级间、各利益主体间相互制衡，避免一家独大，从而损害其他层级或利益主体的利益。

综上所述，法人治理模式不仅是一种企业治理模式，还涉及企业的运作机制和管理层的权力配置。只有合理设置并遵循这些原则，才能实现对企业的高效治理，推动企业持续、稳定、健康发展。

4.3.2 团队的权、责、利必须清晰

一个优秀、成熟的团队一定要做到权利、责任、利益清晰明了。对此，企业可以制定有效的权、责、利机制与运营监控机制，明确每位成员的权利、责任和利益。如果团队成员的权、责、利不明晰，就容易出现推诿责任、消极怠工的情况，团队内部很容易出现矛盾。

为了确保团队稳定，激发团队成员的积极性，企业可以根据每位成员的贡献为其分配权利。享有更多权力和利益的成员，也需要承担更多的责任。

由于贡献通常是看不见、摸不着的，因此企业需要采取科学的方法将贡献量化。下面借助一个案例对此进行说明。

例如，李强、张文斌、王明辉、钱军在大学毕业之后共同成立一家技术企业，他们各自的角色如下。

（1）研发人员（李强）：领域内公认的引领者，有较强的综合能力。

（2）商务人员（张文斌）：为企业带来业务，帮助员工充实行业知识。

（3）技术人员（王明辉）：研发人员的得力助手。

（4）后勤人员（钱军）：因为某些契机开始创业，短期内不会对企业作出太大贡献。

在缺乏相关经验的情况下，他们很可能将股权平均分配，即每人得到25%的股权。但这样的结果不公平，按照权责利机制，他们可以将每个人作出的贡献量化，按照从 0 分到 10 分的等级打分。

对于技术企业而言，比较重要的贡献有五种，不同的贡献，重要程度不同（单位：级），如表4-1所示。

表 4-1 贡献的重要程度

贡献	重要程度	李强	张文斌	王明辉	钱军
创意	7 级	10 分	3 分	3 分	0 分
商业计划书	2 级	3 分	8 分	1 分	0 分
领域的专业性	5 级	6 分	4 分	6 分	4 分
担当与风险	7 级	0 分	7 分	0 分	0 分
资金	6 级	0 分	6 分	0 分	0 分

在将每个人的贡献罗列出来之后，就可以将每个人的分数与贡献的重要程度相乘，计算出一个加权分数。再将每个人的加权分数加在一起，得到一个总分数，根据总分数确定股权比例。最后，再对股权比例的合理性进行检查，确认其逻辑无误后，便可以正式投入使用。

根据这种方式对贡献进行量化，就不会出现权、责、利不明晰的情况。在此基础上，企业可以设置运营监控机制，动态监控这种分配方式的实际使用情况，督促每位成员承担相应的责任。

运营监控机制还可以帮助管理层厘清企业各部门的责任分工，从而解决企业管理中存在的问题。在明确由谁监控、由谁分析、向谁汇报后，运营监控机制将会常态化。这样，管理层就能方便快捷地了解企业整体的运营状态，在出现问题后，也可以迅速发现并解决。

4.3.3 明确业务与管理模式

市场环境不断变化，企业需要及时调整业务与管理模式，以便在遇到挑战时及时作出反应，抓住机遇。业务流程化可以最大限度地提升员工工作效率，合理的管理模式可以让全体员工遵循统一行事原则，减轻管理层决策压力，提升其管理效率。

在进行业务流程设计时，企业首先要明确业务范围。企业可以用流程图的方式将业务范围呈现出来。然后，根据市场需求、实践结果与企业目标业务流程进行调整。

例如，某企业对采购部门的业务流程进行设计。该企业将采购业务分为订单管理、库存管理和物流作业三大系统，并对创建订单、锁定库存等基础流程进行总结，这样就可以在承接新业务时快速投入使用，如图4-4所示。

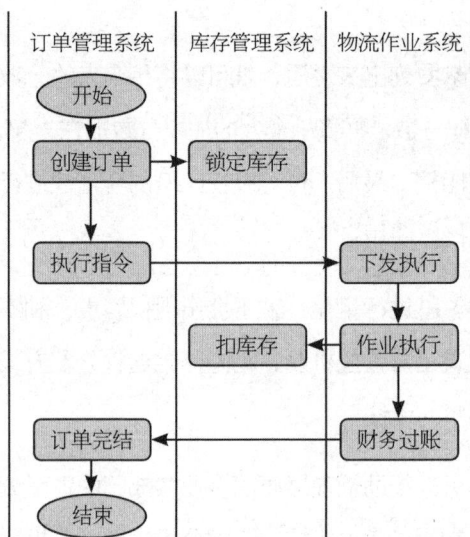

图 4-4　采购基础流程

然后，该企业从顶层开始，由粗至细，逐层分解。当然，未必每一个流程都可以细化为更低层次的流程。例如，"创建订单"可以进一步细化为价格核对、库存检查等流程，"锁定库存"却没有进一步拆分的必要。

业务流程设计完毕后，相应的管理模式也需要尽快落实。因为在企业运营过程中，制度松弛的现象时有发生。尤其是小型企业，由于人际关系相对简单，员工管理往往依赖于非正式的、较为宽松的方式。长此以往，不仅会阻碍业务流程的顺畅执行，还会对企业的长远发展构成威胁。企业可以通过以下步骤建立管理模式。

首先，明确管理模式的整体框架。企业的定位、经营重点、战略目标、多元化程度等因素，共同决定其管理模式。因此，企业需要对资金、资源、人才、技术等有整体认知，并由此确定基础管理模式。

其次，梳理各部门职责。基础管理模式可以作为确定各部门职能的依据。之后，企业需要对该模式进行审视，明确在各部门充分发挥其职能的情况下，企业的战略目标是否可以顺利达成。

最后，对管理模式进行调整，即摒弃那些可能会阻碍企业发展的部分，保留那些对企业发展有利的部分。调整后，管理模式会与企业更契合。多次调整后，企业便可得到最有效的管理模式。

5 第5章

盈利模式：值钱的企业也要会赚钱

值钱的企业不一定赚钱，如果没有可持续的盈利模式，企业很难发展壮大。企业在提高自身价值的同时，也需要探索出适合自己的盈利模式，以实现可持续发展。下面将从盈利模式的类型、高价值盈利模式三要素、盈利模式升级三个方面出发，对盈利模式进行全面解析，助力企业选择合适的盈利模式，提升企业的盈利能力。

5.1 你的企业适合哪种盈利模式

通俗地说，盈利模式就是赚钱方法，而且是稳定的、有规律可循的赚钱方法。当今时代，盈利模式多种多样。下面具体讲解五种具有可行性的盈利模式，企业可以根据自身情况合理选择，以获得更多利润。

5.1.1 长尾型模式：走少量多种路线

长尾型模式指的是企业通过销售一些冷门的、需求较少的产品或服务获利。在市场中，大部分企业聚焦热门产品，而忽略了一些市场需求较小的产品或服务，但是整合这些需求后，产品也能占据相当大的市场份额，推动企业发展。

长尾型商业模式的核心在于少量多种地销售，将这些多项小额销售收入汇总后，收入同样可观。这种商业模式要求少量的产品能及时被有需求的用户获得，因此对库存成本及平台实力都有较高的要求，其商业画布如表 5-1 所示。

表 5-1 长尾型盈利模式

重要伙伴	关键业务	价值主张	用户关系	用户细分
小众产品提供者 有用户创造的产品	平台管理 服务提供 平台升级	大范围的小众产品 产品生产工具	—	大量小众产品使用者 小众内容提供者
	核心资源		渠道通路	
	平台		互联网	
成本结构： 平台管理和开发			收入来源： 多种少量的销售	

乐高的盈利模式就是长尾型模式。随着玩具行业竞争加剧，乐高推出了乐高工厂，尝试通过用户创造内容的方式实现销售增长。用户可以通过名为"乐高数码设计师"的软件，利用数以千计的组件自己设计玩具的主题、场景、建筑，甚至玩具套件的外包装也可以由用户自己设计。乐高工厂让每一位用户都可以参与到乐高的设计中，这一举动也极大地激发了用户的消费热情。

由于这些产品多为私人定制版，因此每组套件的订货量都不多。但对于乐高而言，这种盈利模式的意义在于扩展了现有的产品线，这部分收入相较于乐高的销售总额来说不值一提，却对乐高的经营战略产生了重大影响。

实际上，在边际成本忽略不计的情况下，只要企业可以覆盖足够多的存储、流通渠道，长尾型模式就可以与企业的发展战略兼容。除了乐高外，亚马逊、淘宝等电商企业也都运用了长尾型模式。其单笔交易的金额都不大，但将这些资金累加后，则会形成巨大的营业额。

刚起步的中小型企业，并不适合直接套用长尾模式，但可以学习其背后的逻辑，化为已用。

在企业没有额外的流量渠道时，企业可以选择与美团、淘宝等第三方平台或者周边产业合作。例如，许多餐厅都与停车场建立了合作关系，在店消费满一定金额就可以获得免费的停车时长。

如果企业想要采用长尾型盈利模式，就要丰富业务种类，拓展多元化的盈利渠道。尤其是一些零成本的产品或服务，企业可以持续累加。例如，许多便利商店都有免费代收快递这一增值服务。顾客前来取快递，便与便利商店有了更多的接触，而且有可能消费，这样便利商店就可以在不增加成本的情况下获得额外的营收。

5.1.2 分拆型模式：将业务拆分

分拆型模式指的是企业将业务拆分，由不同的团队经营管理。分拆型模式有利于充分发挥团队的优势，有针对性地满足用户需求，提高经营效率，降低成本。

在分拆型模式下，业务被拆分为三种类型：用户关系型、产品创新型、基础设施型。每种类型都由不同的经济、竞争、文化规则驱动，三者可以共存，但很可能因为相互制衡而存在一定的冲突和矛盾，如表5-2所示。

表5-2 三种业务类型的对应规则

项　目	用户关系型	产品创新型	基础设施型
经济规则	关键在于形成范围经济，即从每个用户手中获取较高的份额，从而节省用户开发成本	关键在于速度，即较早地进入市场，从而获得较高的溢价及较多的市场份额	关键在于形成规模经济，即提高产能或降低产品的单位成本
竞争规则	范围之争，即少量的大企业主导市场	能力之争，即大量的小型企业并驱争先	规模之争，即少量的大企业主导市场
文化规则	以用户为核心，坚持"用户第一"的原则	以员工为核心，尊重员工的个性，保护员工的创造性	以成本为核心，坚持产品标准化、生产效率化

拆分后的三种业务类型的商业画布如表 5-3、5-4、5-5 所示。

表 5-3 用户关系型

重要伙伴	关键业务	价值主张	用户关系	用户细分
产品 + 服务创新 基础设施管理	新产品开发 老用户维护	高度服务导向	强关系 新用户 老用户	聚焦用户
	核心资源		渠道通路	
	已获取的基础用户		强渠道	
成本结构： 获取用户的高成本			收入来源： 高用户份额	

表 5-4 产品创新型

重要伙伴	关键业务	价值主张	用户关系	用户细分
—	研发管理 吸引人才	产品和服务创新		B2B/B2C
	核心资源		渠道通路	
	强大的人才资源池		—	
成本结构： 高雇佣成本			收入来源： 高溢价	

表 5-5 基础设施型

重要伙伴	关键业务	价值主张	用户关系	用户细分
企业业务及产出 专注于提供基础设施服务	基础设施开发及维护	基础设施 相关服务	—	B2B 用户
	核心资源		渠道通路	
	大规模 高产量		—	
成本结构： 高固定成本 + 高度集中			收入来源： 低溢价	

用户关系型模式的目的在于以宽范围的产品创造利润，产品以用户信任为前提，目标是从用户手中获取大的份额，基础用户是核心资源。

产品创新型模式中的一切都围绕理解和服务用户，以建立强有力的用户关系。企业聚焦于研发业务以推出新的产品和服务，创新人才是企业的核心资源，对这些人才的争夺使得成本居高不下。

基础设施型模式的服务对象通常是商业用户，该模式的特征是高固定成本，以规模和产量来摊薄单位成本。

以移动通信行业为例，在移动通信行业的核心资产由网络变为用户的前提下，移动通信行业的业务被分拆，逐渐分化出三种不同类型的服务供应商。

在将业务拆分后，许多企业将提供用户服务作为自身的核心业务，从而成为一家电信运营商。这类企业在过去通常会投入大量资本获取、维持用户，在专注于用户服务后，能快速提升单个用户的贡献率。

还有一些企业致力于产品创新，转变为规模较小、具有较强创新性的内容供应商。这类企业通常会与第三方平台在游戏、视频、音乐等方面进行合作，瑞典的 TAT 企业就是个中翘楚。这家企业专注于为移动设备提供更高级的界面设计，首部 Android 手机 HTC G1 的用户界面就是由 TAT 企业设计的。

还有部分企业将网络运营及维护等基础性工作作为自身的核心业务，发展为一家电信设备制造商。这类企业可以同时为多家电信运营商提供服务，并通过这种方式形成规模经济，从而以更低的成本运营，获得更多盈利。

5.1.3　免费型模式：通过增值服务盈利

在市场竞争日趋激烈，用户需求一再增加的情况下，许多企业开始尝试免费型盈利模式，通过提供增值服务盈利。免费型模式指的是利用免费的产品或服务吸引用户，然后再通过增值服务获取利益的盈利模式。这一模式主要有产品免费、广告收费和产品免费、增值服务收费两种类型。这两种类型的商业画布如表 5-6、5-7 所示。

表 5-6　产品免费、广告收费

重要伙伴	关键业务	价值主张	用户关系	用户细分
—	产品开发及维护	广告位 + 高访问量产品或服务	—	广告商客户
	核心资源		渠道通路	
	平台		—	
成本结构： 平台费用 客户开发成本			收入来源： 广告费	

表 5-7　产品免费、增值服务收费

重要伙伴	关键业务	价值主张	用户关系	用户细分
—	基础设施开发 + 维护	免费基础服务增值服务	自动化 + 大规模定制	大基数的免费用户小基数的付费用户
	核心资源		渠道通路	
	平台		—	
成本结构： 固定成本 增值用户的服务成本 免费用户的服务成本			收入来源： 免费的基础服务 付费的增值服务	

在产品免费、广告收费模式下，有了好的产品、服务及大量的流量，平台对广告商的吸引力更强，广告费可以补贴免费的产品或服务。这一模式的成本主要是平台开发和维护成本及客户开发和维护成本。

在产品免费、增值服务收费模式下，平台是最重要的资源，因为其使得免费的基础服务以低边际成本得以实现。而且，因为有大量免费的用户，所以客户关系自动形成且成本很低。

在收入方面，免费用户转变为增值用户的转化率，是衡量收入的一个重要指标。

如今，使用免费型盈利模式的企业多为资讯企业，例如，新浪、网易、今日头条等资讯企业每天都会为用户输送大量的信息。这些资讯企业的盈利来源主要有以下三种。

1. 广告费用

资讯企业可以通过为广告商打广告的方式，收取一定的费用。以新浪为例，其网站页面上就有各种各样的广告，广告商需要为这些广告支付一定的费用。

但是，资讯企业不能为了获得盈利而随意打广告，必须注重自身形象，确保广告投放的精准度，严格控制广告的数量。如果网站页面上广告过多，非常容易引起用户的不满。

2. 渠道分成

大部分资讯企业的网站页面上都有订阅功能，在人们选择订阅栏目的过程中，资讯企业可以通过类似出租的方式帮助某些订阅栏目做宣传，然后收取一定金额的分成。

3. 拓展电商业务

一些资讯企业信息丰富、运营时间长，拥有海量的用户流量。基于此，资讯企业可以积极拓展新的盈利来源，例如，开展电商业务。

例如，网易涉足O2O（Online To Offline，线上到线下）领域，在网站页面上增加"发现"入口，和美团、京东等电商企业合作。这种做法以牺牲部分用户的观感为代价实现盈利渠道拓展，但也不失为一个提升影响力的有效方法。

5.1.4　多边平台型模式：以广告收入为主

多边平台型模式指的是将两个或者两个以上的相互独立又存在联系的客户群体集合在一起，并利用这些群体之间的互动进行价值创造。该模式与免费型模式有一些相似之处，都是通过为一类客户群体提供免费服务，从而吸引其他客户群体。企业能吸引到的用户数量越多，就能实现更大的价值提升。这一模式的商业画布如表 5-8 所示。

表 5-8　多边平台型盈利模式

重要伙伴	关键业务	价值主张	用户关系	用户细分
—	平台管理 平台服务 平台升级	价值主张 1 价值主张 2 价值主张 3	—	客户群体 1 客户群体 2 客户群体 3
	核心资源		渠道通路	
	平台		—	
成本结构： 　　平台管理及开发 　　商业补贴			收入来源： 　　收益流 1 　　收益流 2 　　收益流 3	

在多边平台型模式下，价值创造通常体现在三个方面：第一，吸引用户群体；第二，将客群进行配对；第三，通过平台提供的交易渠道降低交易成本。

采取这一盈利模式的企业往往有两个或者更多的客户细分群体，每一个群体都有自己的价值主张和收益流，且各个客户群体之间相互依存，无法独立存在。

在收入方面，每个客户群体都会产生一个收益流。一个或多个客户群体可能享受免费服务，或者能够享受来自其他的客户群体带来的收益所产生的折扣补贴。企业选择合适的客户群体作为补贴对象是一个关键的定价决策，在一定程度上决定着多边平台型盈利模式能否成功。

广告是多边平台型盈利模式的主要盈利渠道，主要有以下两种。

1. 提供用户引导

为第三方平台提供用户引导的方法有很多，许多拥有巨大用户群的超级 App 还会将自己建设成一个平台。以微信为例，微信的钱包功能里有大众点评、京东优选等第三方平台的入口，微信用户每次从微信入口进入其他平台，无论是否产生了购买行为，这个平台都需要向微信付费或者分成。在这个过程中，微信基本主导了付费的标准。

诸如淘宝、大众点评、应用市场等自有平台的产品，则会通过竞价排名的方式直接为商家导量。用户看到的搜索结果并不是完全随机的，淘宝后台会根据自己的算法及用户对商品显示规则的限制计算排名，那些前后展示位及左右侧的广告位都是商家花钱购买的。

2. 出售广告位

用户打开 App 时的全屏广告、App 最下方窄窄的小插屏都是广告位。第三方平台会根据自身需求选择相应的付费方式，常见的付费方式有按展示次数付费、按用户的点击次数付费、按用户的下载安装或购买次数付费等。

Google 是采用多边平台型盈利模式的典范，其主要收益来自为广告商提供极具针对性的文字广告。当用户使用 Google 搜索引擎时，这些广告就会在搜索结果旁边显示。在这种情况下，使用 Google 搜索引擎的用户越多，Google 就能显示更多的广告，为广告商及自身创造更大的价值。

5.1.5 开放型模式：由外而内 + 由内而外

如果企业能够通过与外界合作，使自身的资源、技术的价值最大限度地发挥出来，获取更多利益，那么企业就适合使用开放型盈利模式。

开放型盈利模式主要分为由外而内和由内而外两种。两种模式的商业画布如表 5-9、5-10 所示。

表 5-9　由外而内的开放型盈利模式

重要伙伴	关键业务	价值主张	用户关系	用户细分
创新伙伴 研发社区	能力筛选 网络管理 开拓二级市场	—	—	—
	核心资源		**渠道通路**	
	创新网络使用权		—	
成本结构： 　　研发成本外部化		收入来源： 　　　　　　—		

表 5-10　由内而外的开放型盈利模式

重要伙伴	关键业务	价值主张	用户关系	用户细分
—	—	研发成果 闲置知识产权	—	二级市场 获得使用许可者 创新用户
	核心资源		**渠道通路**	
	—		互联网平台	
成本结构： 　　　　—		收入来源： 　　销售剥离　许可费　副产品		

由外而内是指企业尝试外部提供的各种资源，如技术、理念、资金等。有时，来自完全不同行业的外部组织可能会提供有价值的见解、知识、专利或者现成的产品。要借助这些外部资源，企业需要组织专门的业务活动，将外部实体和内部业务流程及研发团队联系在一起。从外部资源获取的创新需要花费一定成本，但是基于外部已创建的知识或在高级研究项目基础上的研发，企业可以缩短产品上市时间，并提高内部研发效率。

拥有强势品牌、强大分销渠道和良好客户关系的知名老字号品牌，非常适合采用由外而内的开放型盈利模式。这种盈利模式可以让它们通过外部资源创新，挖掘现有客户关系的价值。

由内而外是指企业向外部输出闲置的技术或资源。在内部投入大量精力进行研发的企业，通常会产生许多实用化的知识、技术和智力资产。由于明确聚焦在核心业务上，因此一部分本来很有价值的智力资产被闲置。这种企业很适合采用由内而外的开放型盈利模式。在这种盈利模式下，企业允许其他企业利用闲置的内部创意，从而增加额外收入。

例如，宝洁曾因扩张速度过快而导致股价持续下跌，时任宝洁企业高管的雷富礼临危受命，成为新任 CEO。为了振兴宝洁，雷富礼打造了一种新型文化，即通过建立战略伙伴关系促进企业内部的研发工作。不到 7 年的时间，宝洁与外部合作伙伴联合研发的产品增至研发总量的 50%，研发成本略有提高，但研发生产率提升了 85%。

为实现雷富礼的战略构想，宝洁推出了专门发布企业遇到的研发难题的互联网平台，将企业内外部的技术专家连接起来。如果某位专家成功解决这些问题，就可以获得相应的现金奖励。

与宝洁不同，葛兰素史克选择了由内而外的开放型盈利模式。这家企业致力于提升贫穷国家人们的药物获取率。为此，它将研发出的药物专利投入对外开放的专利池中，让每一位研究人员都有机会参与药物研发。由于葛兰素史克主要依靠畅销药物盈利，因此导致大量病症专利被闲置，这些未被深入研究的专利则被悉数投入专利池中，极大地提升了相关药物的研发速度。

5.2 高价值盈利模式三要素

瞬息万变的市场环境使得企业不断探寻更加合适的、能够促进自身发展的盈利模式。高价值的盈利模式主要包含三个核心要素，分别是聚焦、共享和链式架构。下面将会对这三个要素进行重点介绍，分析其在盈利模式中的作用。

5.2.1 要素一：聚焦

聚焦指的是企业将注意力放在核心业务上，更好地为用户提供产品或服务。许多企业在探寻盈利模式时，都喜欢将简单的事情复杂化，好像业务越多，竞争壁垒越厚。如果企业想要获得持续盈利，就要深耕某项业务，将资源聚焦到这一核心业务上，这样才能在激烈的市场竞争中立于不败之地。

孟子云："人有不为也，而后可以有为。"这个道理在企业运营中同样适用：企业只有知道在某个阶段可以不做什么，才能将时间与精力聚焦于更重要的事。如果企业能够化繁为简，战略性地放弃那些不必要的业务，就能实现更为高效、有序的运作。

德国超市奥乐齐是聚焦核心业务的杰出代表，其开店初衷只是为了满足人们最基本的生存需要。与其他大型超市的经营理念有所不同，奥乐齐放弃了大多数品类，专注于经营食品及最基本的日常用品，且只经营少量而固定的品牌。这种经营模式使得奥乐齐与许多信誉良好的供应商建立起友好互信的合作关系，极大地降低了进货成本。

随着超市规模的扩张，奥乐齐依然将核心业务作为经营重心，极力节省在人员管理、产品包装及营销推广等方面的成本。例如，用户在使用购物车时需要缴纳一些租金，当用户将购物车退还原位后，租金会直接退还，由此无须设置管理购物车的岗位，节省了人力成本。

这种想尽办法节省运营成本，为用户提供低价产品的经营理念与零售高质低价的本质相契合。如今，奥乐齐已经从一家小食品店发展成世界驰名的折扣连锁超市品牌，在全球范围内拥有 1 万余家分店，每年的销售额都超过 700 亿美元。

近些年，网约车市场争夺战也体现出聚焦的重要性。为占据市场份额，滴滴出行在发展初期放弃了用户使用体验、预约服务、用户反馈等功能，专注于为用户提供基本的约车服务。这种运作模式帮助滴滴成功在一众约车软件中脱颖而出，实现营业收入的快速增长。在获得绝对优势后，滴滴才开始将产品优化、提升用户体验作为新的发展重点。

聚焦的核心即将有限的资源集中用于攻克最重要的目标。但在使用时，企业需要综合考虑内部的利益矛盾及外部市场环境的变化趋势。这种运作逻辑具有很高的效能，能够带领企业走向更为辉煌的未来。

5.2.2　要素二：共享

高价值盈利模式的第二个关键要素是共享。互联网经济的飞速发展催生了共享型盈利模式。共享型盈利模式对用户的生活产生重大影响，共享单车、共享电车、充电宝等各类共享产品层出不穷。为了顺应时代发展潮流，许多企业借鉴共享型企业的发展模式，以实现创新发展。共享型盈利模式的关键点主要有五个，如下所示。

1. 挖掘充裕、稀缺、标准的资源

企业实行共享型盈利模式的前提是个人用户无法使用那些处于闲置状态的资源。这些资源有三种特性：充裕、稀缺、标准。

充裕即市面上存在大量闲置或盈余的资源，便于获取。稀缺即由于存在信息差或流动性较差，对于个人用户来说，该资源是稀缺的。标准即该资源具有统一标准或能快速达到统一标准，这样在后续的生产过程中，企业便能快速进行业务模式复制，实现快速扩张。

2. 激发网络效应

在共享经济时代，互联网将供应与需求之间的联系无限放大，用户可以通过网络将自己闲置或盈余的资源提供给需要相应资源的人。这种供求关系使得相应的资源在网络上无尽循环，产生惊人的利润。因此，企业也应该充分发挥这种正向的网络效应，吸引更多的用户。

在构建这种效应的过程中，有许多优秀的经营策略值得企业借鉴，如补贴策略、双边转换策略等。但有一个重要的问题需要企业注意，即先吸引供应侧的用户，还是先吸引需求侧的用户，抑或同时吸引双边用户。这三种方式各有利弊，不同的选择也会对企业发展产生不同的影响。

3. 引爆用户规模

在产生网络效应后，企业就需要持续地吸引用户，从而引爆用户规模，实现产品的迅速推广。那么，企业该如何吸引用户，又该如何避免用户流失，快速引爆用户规模呢？

如果企业以吸引供应侧用户为主，就可以通过地推积累首批用户，再通过快节奏的测试与迭代，充分利用既有资源，实现低成本的用户获取及留存。如果企业以吸引需求侧用户为主，就可以以口碑营销为主，辅以免费、新奇、沉浸式体验等策略，实现用户的快速增长。

在用户积累到一定规模后，企业的经营重点应转变为如何绑定用户。对此，企业需要不断提升用户体验，通过建立社群、组织线上及线下活动等方式，与用户建立更紧密的联系，从而增强用户的归属感，提升用户的忠诚度，避免用户流失。

4. 维护用户信任

咨询企业普华永道曾发布一项有关共享经济的调研结果，80% 的参与者表示，共享经济让他们的生活变得更加美好，69% 的参与者表示，他们不相信共享企业能始终如一地提供共享服务。

维护用户的信任能使产品在同类产品中脱颖而出。向用户展示企业的综合实力，严格把控产品质量，设立问题处理与解决的专业机制，为用户支付、安全保障等关键环节设置相应的配套措施等，都可以提升企业的信誉，增强用户对企业及产品的信任。

5. 实现供需高效匹配

如今，主流的共享经济模式是企业保留产品的所有权，将产品的使用权作为产品提供给用户，以实现盈利，但这很容易造成小范围内供求关系不合理。以共享单车为例，因为用户通常处于移动状态，非常容易造成某些区域产品过多，其他区域产品不足的情况。

如何定位用户需求，科学、合理地进行产品投放，是共享经济模式面临的一大难题。要解决这个难题，需要企业建立筛选机制，画出用户分区图。

尽管很多企业都践行共享经济模式，证明了其具有可行性，但许多行业的共享经济模式仍处于起步阶段，其发展模式及演进路径有待进一步探索。值得注意的是，这种模式并不是投资入口或套现手段，企业应该以用户体验为核心，利用共享经济模式创造更大的价值。

5.2.3 要素三：链式架构

高价值盈利模式的第三个关键要素是链式架构。链式架构能够帮助企业发现新的价值空间，实现业务创新。链式架构主要包含 3 个方面，分别是价值链、用户链和行业链。

价值链、用户链与行业链是企业开展业务活动的不同视角，分别与资产闲置率、用户流失率和利润流向率对应。在分清每个链条的起点与终点后，企业才能更好地对其加以利用，制定高价值的盈利模式。链式架构如图 5-1 所示。

价值链从企业内部出发，以原材料入库为起点，以产品出库为终点，是 3 个链条中最简单的。价值链能够帮助企业发现内部闲置资源，值得重资产类企业重视。例如，从价值链角度来看，飞机满客时的有效飞行时间约为 7 小时，存在资源浪费的情况，航空公司可以采取一些措施提高飞机利用率，实现资源价值最大化。

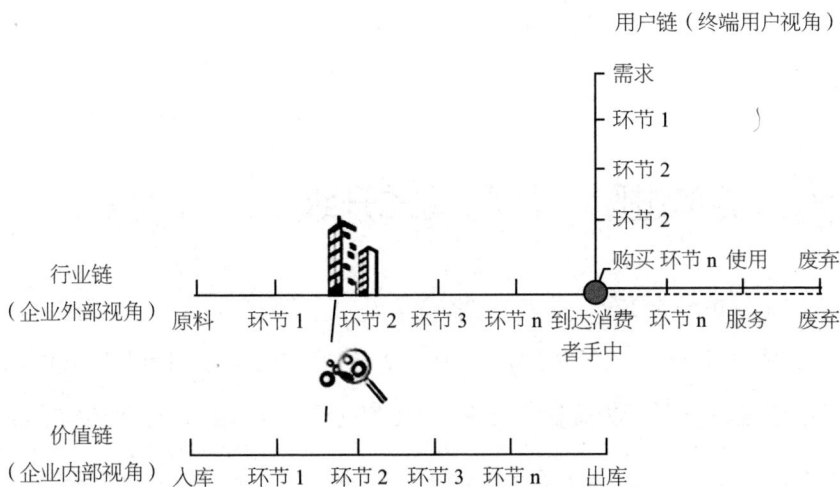

图 5-1　链式架构

　　用户链从用户出发，以用户需求为起点，以用户购买为终点。用户链能够帮助企业发现用户的潜在需求，值得用户导向类企业重视。其使用难点在于企业难以忽略熟悉的思考逻辑，真正站在用户的角度反思产品及服务的效果。

　　行业链从整体行业出发，以原料购入为起点，以用户废弃为终点，是 3 个链条中最长的。行业链能帮助企业发现整个行业的利润流向，值得生产工业中间品的企业重视。

　　例如，某家具企业的主营业务是为酒店提供配套家具，通常情况下，我们会认为交付产品就是合作的终点。其实不然，这家企业与酒店的合作完全可以维持到这家酒店倒闭为止。从行业链的角度出发，这家企业可以为酒店的每个经营环节提供相应的配套服务，如以旧换新、定期保养等。

　　了解行业链有助于企业看到许多被忽略的问题或环节，方便企业提前进行战略布局，抢占更大的市场份额。

　　在这 3 个链条中，从企业内部出发的价值链最简单。而用户链和行业链需要企业把握用户需求、判断行业趋势，需要经过大量的试行与总结。如果企业可以将 3 个链条打造成链式架构，形成价值链、用户链、行业链的通路，便能挖掘更大的价值空间。

5.3 资本进阶：盈利模式升级

为了适应市场的变化，提高自身的竞争力和持续盈利能力，企业需要不断地对盈利模式进行升级。下面主要探讨企业在进行盈利模式升级时可以采取的策略，包括找到行业中容易产生盈利的业务、优化和创新业务体系、让商业生态形成完整的闭环。

5.3.1 找到行业中容易产生盈利的业务

企业在运营中会面临许多问题，包括管理混乱、内部分工不合理、产品开发效率低等。之所以产生这些问题，是因为企业没有明确自身定位。如果企业一开始便锁定行业中容易产生盈利的业务，并以此延伸出战略方案及商业模式，不仅能有效规避上述问题，还能在付出同等努力的情况下，获得更高价值的回报。

目标用户群的价值越高，往往意味着企业能获得的利润越多，因为用户的收入水平与消费理念往往会对其消费水平产生影响。企业可以将用户分层，从高消费群体入手，将他们的需求与自身的产品和服务相结合。

一家没有明确定位的设计企业，可以为用户提供海报设计、网页设计、户外广告设计等服务。从表面上看，这家企业似乎具有很强的专业能力，可以同时涉猎很多领域，实际上，这家企业在海报设计、网页设计等低利润区投入过高，整体业绩并不理想。

目前，海报设计、网页设计等市场相对饱和，而且收费水平不高。通常设计一张海报可以为企业带来大约 1000 元的收益，设计一个网页可以带来大约 5000

元的收益。在大多数用户看来，海报与网页的设计并不复杂，购买这项服务很难让他们感觉物有所值，用户对这两项服务的价值感知不强，因此即便企业能获得一定的收入，但无法长久留存客户。

很多用户愿意为操作起来更简单的 Logo 设计投入更多资金。因为对于用户而言，Logo 的意义更重大，使用范围更广，使用年限也更长。由此不难发现，Logo 设计是设计行业的高利润区。

各行业的投入产出比相差巨大，选择大于努力的情况比比皆是。即使同一个行业，各细分领域的收入也有较大的差距。究其原因，就在于各细分领域对应的利润等级不同。企业找到行业中容易产生盈利的业务，可以减轻业务负担，创造更多收益。

5.3.2　优化和创新业务体系

随着时代的发展，用户需求与市场趋势不断发生改变，企业的业务体系也需要进行相应的调整，以更加匹配用户的需求。虽然许多企业已经建立起较为完善的业务体系，并制定了相应的配套措施，但仍无法达到理想的运作状态。究其根本，就是现有的业务体系与企业的经营状况、市场状况不匹配，导致企业无法及时地发现并解决运作中存在的问题。

对此，企业不仅需要建立完善的业务体系，还需要不断对其进行评估与优化，以实现业务体系创新。具体来说，企业可以从以下四个步骤着手。

1. 选择评估对象

企业内部存在众多业务，如果对所有业务都进行评估需要企业花费大量的时间与精力。通常情况下，企业只需选取那些较为关键的业务进行评估即可。例如，与盈利或核心竞争力有关的业务、成熟度相对较低的业务、绩效波动大且容易出现失误的业务。

2. 描述评估对象

在描述评估对象时，企业还要标明每项业务的执行人或负责岗位，每项业务的具体内容、预期目标与执行范围，这样可以提升后期的调整及落实效率。此外，企业还应选用简单、规范的评估工具。

3. 提炼评估指标

在评估过程中，企业要遵循科学性、实用性的原则，根据实际情况提炼出相关指标，进一步监控并分析每项业务的运行情况。

4. 优化流程现状

在提炼出评估指标后，企业就可以收集相关数据，通过对相关数据进行横向与纵向的比较，进一步掌握业务现状，深入调查哪一个环节需要进行调整，并以此为基础提出相应的优化方案。

要想突破发展瓶颈，实现盈利最大化，企业就要充分了解自身的业务体系，及时对其进行调整和优化，使其始终保持优势。

5.3.3 让商业生态形成完整的闭环

商业生态系统闭环指的是企业经营过程中形成的完整、循环的生态系统，包括产品研发、生产、销售等环节。企业打造商业生态系统闭环有利于实现资源整合、流程优化、技术升级，为用户提供更多优质服务。

各种先进技术不断涌现，给各个行业带来了不同程度的革新与颠覆。如今，不少企业致力于重塑组织架构，以打造商业生态系统闭环。

海尔董事长张瑞敏认为商业生态系统闭环是员工的共同进化。在海尔，商业模式的作用不是"造小船"，而是"拆航母"，即内部经营单元向小微化、项目化发展，利用分布式的管理方式实现流程化运作。

随着时代的发展，越来越多的企业将打造商业生态系统闭环作为发展目标，似乎只要打造了商业生态系统闭环，就能在未来竞争中占据更多优势。实际上，打造商业生态系统闭环不是喊出一个口号那么简单，而是要结合企业的具体情况，量身定制发展策略。

伦敦商学院战略与创业学院教授迈克尔·雅各比德斯曾经到访海尔，与张瑞敏共同探讨海尔商业生态系统的闭环结构。张瑞敏表示，如果将海尔比作一艘航母，把航母拆掉，就会变成很多小船，这些小船可以各自寻找出路。在寻找出路的过程中，这些小船会自我驱动，相互靠近，可以再组合成一个舰队，这样可以组合成很多个不同的舰队。

海尔的组织结构看上去很松散，实际上，各个"小船"拥有属于自己的权力，可以自我驱动，寻找正确的方向。对此，张瑞敏表示："真正的生态是共同进化，没有人去组织，是需要他们自己看到市场用户的需求，以用户为中心，各个相关方，包括集团之外的，组成一个可以增加价值的组织，我们称之为增值分享。"

在成功打造商业生态系统闭环后，企业便能够适应用户需求、市场趋势、时代导向等多方面的变化，就能实现边际收益递增。闭环型商业生态系统在保持各经营单元拥有高度自主性的同时，还可以将其无限细化，由此促进员工与企业之间的协同，最终形成动态的非线性平衡。

6 第 6 章
品牌 IP 建设：让企业获得溢价能力

一般而言，只要产品稀缺，就能卖出高价。但是同类稀缺产品，品牌不同，价格往往也不同。例如，同类黄金饰品，周大福会比其他品牌贵一些。为什么会出现这种情况？这便是品牌 IP 的力量，品牌 IP 使产品获得溢价能力。

对于企业而言，产品固然重要，但是优质的品牌 IP 才能使产品产生更高的价值。许多用户可能记不住企业或产品的名字，但是对品牌 IP 有深刻的印象。企业应当树立科学的品牌观，打造优质品牌 IP，获得溢价能力。

6.1 认知：新时代的品牌观

在流量为王的时代，企业应当改变品牌认知，树立全新的品牌观，打造品牌 IP。在打造品牌 IP 时，企业应该重点关注价值观设计，从而打造独特的品牌 IP，赢得用户的喜爱。

6.1.1 品牌 IP 化建设

互联网改变了原有的营销方式，如今，很多企业都通过品牌 IP 化的方式，让自己的品牌获得更多用户的认可。品牌 IP 化是通过内容输出、事件营销等方式，提升原有品牌的辨识度和市场认可度。它的本质是一种信任机制，企业通常会通过这种方式展示自身的综合实力，降低用户的选择和信任成本。实现品牌 IP 化可以提升品牌辨识度，增强其互动性、传播性，加强品牌与用户之间的连接。

品牌 IP 之所以备受推崇，是因为它具备强大的流量聚合能力。如今，越来越多的企业选择将品牌 IP 化，其实是为了获取更多的流量，从而提升产品销量，实现盈利最大化。在实现品牌 IP 化后，企业就可以通过持续输出内容，维持品牌的影响力，从而吸引用户购买产品。

以江小白为例。江小白精准定位年轻用户群体，通过独特的语录，如"我在杯子里看见你的容颜，却已是匆匆那年""兄弟间的约酒聚会，应该无关应酬和勾兑""朋友不联系久了，别把仅有的那一点激情，都用在点赞上了""跟重要的人，才谈人生"等，引起许多年轻人的共鸣。

江小白运用简洁且能引发用户情感共鸣的文案，凭借免费的社交媒体平台进行营销宣传。这些文案关乎友情、爱情，直击人心，让用户感同身受，仿佛江小白是他们生活中的一位知己，能够深刻理解他们的情感和心境。通过这种方式，江小白与用户建立起了深厚的情感连接，同时也在用户心中塑造了一个立体化、人格化的品牌形象，实现了品牌 IP 化，在市场中获得了广泛的关注和认可。

其他企业可以借鉴江小白实现品牌 IP 化的成功经验，探索出一条适合自己的道路，让更多用户接受、认可产品，实现利润倍增。

6.1.2　价值观设计：品牌 IP 化的起点

价值观是打造品牌 IP 的核心要素，也是品牌 IP 化的起点。优质的品牌 IP 往往拥有独特的价值观，能够获得用户的认同，提升用户忠诚度。

品牌是一种无形的、有情感价值的、富有号召力的象征，是企业核心理念和价值观的体现。随着消费水平的提升，用户对产品的需求也从物理层面转向情感层面，品牌认同的最高境界就是能够唤起用户所认同的价值观。价值观设计应贯穿品牌战略、品牌定位、核心价值观、内容建设、品牌推广等多个方面。

很多人对星巴克都不陌生，从事传统零售行业的星巴克为什么能在激烈的市场竞争中保持自己的优势并实现利润增长？答案就是用户认同星巴克的价值观。

星巴克董事长舒尔茨曾说："星巴克卖的不是咖啡，而是服务和体验。"这是星巴克从一个普通咖啡店变成一个文化象征的重要转折点。星巴克是一种"奢侈的民主化"，其咖啡的绝对价值并不高，但它象征着精致生活，代表大都市中上阶层的生活方式。

之所以要从企业的角度确立并传播价值观，是因为对于用户而言，持续认同品牌建立在认同企业价值观的基础上。这也是很多品牌的价值观最后会变成企业的核心价值观的原因。

品牌的价值观并不一定要通过用户直接体验产品来建立，而应在进行品牌传播时，让所有关注产品的用户都能感受并认同品牌的价值观。很多人认为华为手机比其他国产手机更好，就是因为华为这个品牌所蕴含的爱国情怀得到了用户的认可，但是认可华为世界观的用户并非都体验过其产品。

海尔的价值观是"真诚到永远"，坚持上门维修不抽烟、穿戴鞋套。这样的价值理念赢得了用户的信赖，用户在心中形成了"海尔的产品优质"的信念。

只有品牌的价值观被用户真正认同，并持续地传播和强化，品牌才能真正被用户接受和喜爱，才能实现品牌IP化。

6.1.3 餐饮IP：你见过养狗的咖啡店吗

餐饮行业的激烈竞争使得许多餐饮从业者不得不另辟蹊径，利用打造餐饮IP的方式吸引消费者关注。

"泰迪陪你"是一家咖啡店，面向喜欢泰迪熊的广泛群体，开辟出一条独特的 IP 联动营销路线，充分挖掘品牌 IP 化的价值。

许多卖场的中央都会布置一个硕大的泰迪熊展台，其中陈列着大小不一的泰迪熊。当消费者走进这个满是泰迪熊的世界时，会被这些泰迪熊吸引，与它们合影或者购买相关产品。成功付款后，消费者会收到一张"泰迪陪你"咖啡店的咖啡赠饮券。这看似不经意的引导其实是品牌 IP 化的延伸，可以直接将受众引流到"泰迪陪你"咖啡店，营销效果十分显著。

"泰迪陪你"的创始人将泰迪熊摆放在卖场、车展、著名楼盘中，吸引了大量的消费者前来体验。当消费者来到咖啡店后，会拍照并分享到朋友圈。这不仅帮助"泰迪陪你"节省了宣传和推广费用，提高了咖啡与泰迪熊的销量，还帮助"泰迪陪你"赚取与车展、楼盘的合作费用。

在品牌 IP 化方面，企业还可以开发与众不同的吉祥物，这些吉祥物其实就是品牌的 IP。用户会在吉祥物的引导下消费，例如，麦当劳、肯德基推出的吉祥物套餐，受到全年龄段用户的好评，带动了汉堡、薯条等其他产品销量增长。

现在是粉丝经济时代，用户不仅重视产品的质量、服务、价格，还很在意产品的流行程度。正如"泰迪陪你"的创始人所言："真正开发出第二营销 IP 互动的产品，才可以稳固自己的消费者。"在这样的时代，品牌 IP 化可以有效吸引用户的目光，帮助企业提高用户忠诚度。而那些没有重视品牌 IP 化的企业，很可能会被市场淘汰。

6.2　如何打造一个品牌 IP

打造一个品牌 IP 不是一件容易的事情，而是需要一定的策略和方法。企业可以通过差异化战略、打造独特的品牌标签、使用 AISAS 法则、借助热点等方式进行品牌 IP 宣传和推广，打造出一个独特的、具有影响力的品牌 IP。

6.2.1 差异化战略：不能第一就做唯一

企业打造品牌IP的目的是摆脱同质化，使自己的产品在同类产品中脱颖而出。提到植物蛋白饮料，很多人会想到六个核桃；提到安全的汽车，很多人会想到沃尔沃。这些品牌之所以有如此高的辨识度，是因为它们有差异化的定位，占据了用户的心智，深深根植于用户心中，成为细分领域的第一。

品牌差异化定位的核心是将产品的核心优势或个性化差异转化为品牌的独特价值，以满足目标用户的个性化需求。成功的品牌往往有独特的定位，能够打造差异化竞争优势。

假设你想开一家咖啡店，目标是在星巴克和蓝山咖啡绝对压制的市场中开辟一块属于自己的领地，你应该怎么做？绿山咖啡给出了一种很好的思路。

绿山咖啡的股价一度超过星巴克，秘诀就在于其拥有一款叫作"K 杯"的专利产品。这是一个外表像纸杯的容器，容器内部有一个纸杯状的渗透装置，容器上方有铝箔盖封口，以防咖啡的香气逸散。将"K 杯"置入配套的克里格咖啡机后，轻按按钮，就会有热水通过加压注水管进入滤杯。咖啡机会精确控制水量、水温、压力等，制作出一杯口感香醇的咖啡。

"K 杯"比传统咖啡机更方便，用户不用称量、手磨、清洗咖啡豆，杯底也无残渣，咖啡香味更浓郁。绿山咖啡的产品得到广大白领阶层的好评，其销售收入中，近 1/3 都来自白领群体。

在咖啡零售领域，星巴克的分店早已开遍全世界，但绿山咖啡凭借差异化的定位，同样成为咖啡领域的一大巨头。由此可见，打造品牌最重要的不是超越竞争对手，而是在某一特定领域或某一方面做到极致，成为佼佼者。

例如，放大镜之所以能点火，是因为它是凸透镜，能够将平行的太阳光线聚焦到一点，通过能量的集中点燃焦点处的易燃物。同理，企业打造品牌，也需要聚焦思维。具体而言，企业需要对品牌进行差异化定位，聚焦于某一特质或优势，打造一个与众不同的品牌形象，通过差异化策略在某一赛道成为第一。

6.2.2　品牌要打造独特的标签

品牌标签是品牌资产的一部分，具有独特性、简洁性等特点，能够有效传达品牌的特点，吸引用户的注意。企业在打造品牌 IP 时，可以重点关注品牌标签的打造，在持续宣传中使用户加深对品牌的印象。

打造标签是让用户快速认同品牌的一种营销手段，一家有标签的企业与一家没有标签的企业之间最大的区别，就是用户的辨识度与认可度不同。

企业可以从以下三个维度出发，打造与众不同的标签，如图 6-1 所示。

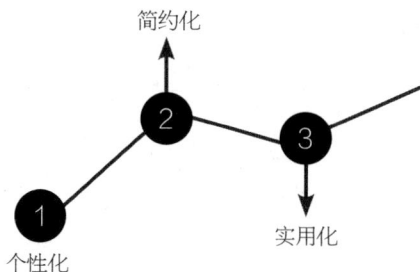

图 6-1　打造标签的三个维度

1. 个性化

如今，用户在选购产品时，越来越注重精神感受，消费需求的个性化和多样化趋势日益明显。因此，企业在打造标签时，要突出品牌的个性化，相较于竞品，要有自己独特的特点。品牌个性是品牌形象的一个重要组成部分，鲜明的品牌个性能让产品在消费者心里留下深刻的印象，这对品牌形象的塑造是十分有利的。

2. 简约化

在信息爆炸的时代，用户接触过很多产品，对产品营销广告已经产生免疫力。

他们不会产生很多关于品牌的记忆点，最多只会记住几个关键词。因此，品牌的标签要尽可能简约，关键词越少，越有助于用户记忆。例如，"农夫山泉有点甜""大自然的搬运工"等广告语直观明了地展现了农夫山泉水质好，来源于大自然，而非人工制造的特点。

3. 实用化

打造品牌标签需要挖掘品牌的特点，挑选出最有竞争优势的一项，将侧重点放在该项上，从而抢占用户心智。企业可以从产品的使用感受入手，言简意赅地表明产品的功效。以洗发水为例，海飞丝主打去屑，飘柔主打修护，沙宣则突出自己的专业性。

企业也可以根据目标用户的具体需求确定品牌标签。一个与众不同的标签有助于品牌获得用户的认同。

如今，标签的价值可能已经超越产品，甚至品牌本身，成为企业竞争力提升的核心要素。标签是对外传播的旗帜，也是用户认识品牌最快的媒介之一。一个与众不同的标签，可以更好地帮助企业实现品牌 IP 化。

6.2.3　让用户主动传播的 AISAS 法则

AISAS 法则是一种以用户行为模式为基础的营销法则，主要由五个部分组成，分别是 Attention（引起注意）、Interest（产生兴趣）、Search（主动搜索）、Action（付诸行动）、Share（口碑分享）。借助该法则，企业营销推广信息能够实现病毒式传播。

AISAS 法则的核心是利用公众的积极性和人际网络进行信息传播。这是一种常见的网络营销方法，经常被用于网站推广、品牌推广。

AISAS 传播又称病毒式传播，主要方式是"让大家告诉大家"，即通过提供有价值的产品或服务，利用群体之间的相关性，让用户将品牌主动分享给其他人，达到宣传品牌的目的。

如今，病毒式传播已经成为各企业进行品牌推广的常用方式之一。想实现病毒式传播，企业应遵循以下四个步骤，如图 6-2 所示。

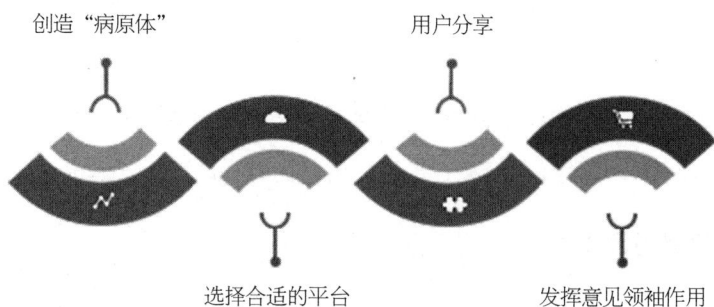

图 6-2　病毒式传播的四个步骤

1. 创造"病原体"

创造"病原体"也就是创造热点话题。热点话题要有很强的吸引力，能够引起用户的情感共鸣。企业要根据品牌特点合理选择视频、文字、图片等形式创造"病原体"。在传播过程中，企业还可以加入品牌信息，加深用户对品牌的印象。

不仅如此，"病原体"还要做到新颖、不老套、通俗上口、有艺术感染力，这样可以有效提升用户的愉悦感，对用户更具吸引力。

2. 选择合适的平台

要想实现病毒式传播，一个合适的平台必不可少。合适的平台能够使原本不起眼的话题受到大众关注，从而实现广泛传播。如果平台选得不好，即使话题传播潜力很大，也不会产生很大的影响力。

大多数企业会选择比较流行或比较权威的社交平台，如微博、微信、小红书、抖音等平台进行病毒式传播。但要注意，选择的平台要与品牌特性和风格及目标用户的定位相契合，这样才可以吸引更多用户关注，把品牌推广出去。

3. 用户分享

用户分享是病毒式传播的核心环节，也是病毒式传播的根本。促使用户主动分享有两种方式：一是对产品进行升级或者增添新的功能；二是先针对那些信息接收速度快、传播能力强的用户进行宣传，再通过他们进行更大范围的病毒式传播。

在这个过程中，分享链接是用户分享、进行二次传播的关键。企业应该设计一个信息全面、简单明了的链接，让用户可以更流畅地进行分享。

4. 发挥意见领袖作用

在病毒式传播中，意见领袖的作用不可忽视。意见领袖通常是行业内权威、有影响力的"大咖"，如果能得到他们的认可或推广，传播效果会得到极大的提升。

病毒式传播就像滚雪球。在初始阶段，可能只有少数人知道或接触到品牌信息，但一旦这些人对品牌产生好感，就会像滚雪球一样，不断积累并滚动下去。

为了实现病毒式传播，企业要想方设法让用户触及品牌。例如，企业可以在微博、微信等渠道投放广告，并在线下同步开展营销活动，通过多种方式向用户推广品牌。

6.2.4 借助热点是一个很不错的选择

随着网络的快速发展，许多用户倾向于借助网络接收信息，了解热点事件。对于企业而言，借助热点进行品牌宣传是一个很不错的选择。紧跟社会热点，引用用户关注的消息，能够有效提高品牌的曝光度和知名度，助力品牌宣传。

企业要想借助热点打造品牌IP，就要选择有价值、有传播性、能快速产生影响的热点。突发性热点虽然可以在短时间内吸引大量的流量，但是不具备持续性，往往会很快过时，品牌很难在讨论度最高的时候借机宣传。同时，突发性热点变化性很大，很有可能在一两天后因出现新的证据而发生反转。因此，企业应该慎重借助突发性热点进行宣传。

借助热点打造品牌 IP 的方法，如图 6-3 所示。

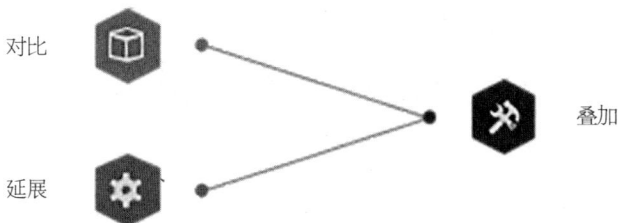

图 6-3　借助热点打造品牌 IP 的方法

1. 对比

热点虽然有比较强的时效性，但不同热点可能有一定的相似性。企业可以将最近的新热点与过去曾经引起广泛讨论的旧热点进行对比，深入挖掘热点背后的原因和现象，向用户传达有价值的观点和见解，从而增强他们对品牌的认同感。

2. 叠加

有时，一个热点可能无法带来太高的关注度。为进一步扩大传播范围，企业可以采用叠加的方法，即选择两个没有直接关系的热点，找出它们之间的内在连接点，从而将它们巧妙地叠加起来。这样可以使宣传内容更有吸引力，进一步扩大品牌传播范围。

3. 延展

热点的爆发不仅仅是单一事件的体现，其背后往往蕴含着更为丰富的内涵。面对热点，企业应进行深入的延展性思考。在延展的过程中，企业需对热点进行细致的剖析，将其与品牌的核心价值观相结合，使品牌与热点之间产生连接，进而借助热点提升品牌影响力。

同时，企业在运用热点进行品牌宣传时，还需要遵循一定的原则。首先，应优先选择那些与品牌相关性高的热点事件，以确保宣传效果。其次，要学会取舍，避免盲目跟风，确保品牌价值观的统一性。最后，选择的切入点应符合主流用户的价值观念，以引起用户的共鸣和认同。

6.3 现象级品牌 IP：打造 IP 的三重路径

IP 是品牌价值的象征，能够通过赋予品牌特定的情感与文化拉近品牌与用户的关系。随着用户需求不断增长，企业打造品牌 IP 迫在眉睫。想要打造现象级的品牌 IP，企业可以从三个方面出发，分别是打造企业 IP、打造形象 IP 和打造核心个人 IP。

6.3.1 企业 IP：品牌年轻化利器

随着年轻群体成为市场的消费主力，许多品牌开始通过打造企业 IP 实现品牌年轻化，渗透年轻市场。打造企业 IP，能够将品牌理念呈现给年轻用户，与用户进行沟通与互动，拉近与用户的距离。

企业往往借助互联网进行宣传。互联网的优势是能够广泛传播信息，但是也会造成信息泛滥。面对海量信息，用户更加理性，更看重品牌的口碑与影响力。如果企业仍采用传统的营销方法，将会在激烈的竞争中败下阵来。

在打造企业 IP 时，企业需要完成从"企业视角"到"用户视角"的转变，使内容在体现品牌形象的同时，更加符合用户的喜好，吸引更多用户。例如，GOWIN 革文是一家为企业提供品牌营销服务的企业。岛津（上海）实验器材有限公司（以下简称"岛津"）与 GOWIN 革文合作，以打造企业 IP，突出企业形象，吸引用户关注。

作为一家实验器材供应企业，岛津在打造企业 IP 时主要有两个诉求。

（1）利用企业 IP 提升竞争力。在各大品牌竞争激烈的背景下，岛津希望借助企业 IP 打造年轻活力、朝气蓬勃的形象，与时代接轨，进一步提升市场竞争力。

（2）实现差异化的品牌营销。岛津宣传推广的方式较为单一，不利于获客引流。因此，其想利用打造企业 IP 的方式凸显其独特的形象，实现差异化的品牌营销。

基于岛津的诉求，GOWIN 革文为其量身打造了一套方案。在对岛津进行调研后，GOWIN 革文提炼了岛津的三个特点作为企业 IP 的关键词，即"亲和""专业"和"活力"，并制定了两个企业 IP 策略。

一方面，以"亲和"为主，为岛津打造一个动物形象；另一方面，将突出行业属性作为重点，打造新物种形象。岛津从自身发展方向、品牌定位出发最终确定了企业 IP 形象（如图 6-4 所示），拉近了与用户的距离。

图 6-4　岛津企业 IP 形象

企业的持续发展离不开企业 IP 的打造，打造企业 IP 不仅能够体现品牌形象，实现品牌形象年轻化，为企业宣传助力，还是企业发展战略的一部分，对企业完善战略布局具有重要作用。

6.3.2　形象 IP：拉近与用户的距离

企业形象 IP 有助于企业建立品牌。企业形象 IP 的本质是品牌形象的人格化和具象化，能够突出品牌的特征，有效拉近企业与用户的距离。

例如，西窗科技（Westwin）打造了其形象 IP——一只海鸥。这只海鸥名为文森特（Vincent），是一个具有独特魅力的海鸥。

文森特形象 IP 的诞生，离不开子博设计的努力。子博设计与西窗科技展开了合作，打造了文森特 IP 形象。为了能够打造一个优质的品牌形象 IP，双方以品牌的核心业务为基础，从 IP 形象的人设、造型到落地等方面进行了反复的设计与打磨，最终打造了一个专业、机灵、可爱的跨境从业者形象，拉近了西窗科技与用户的距离。

企业打造形象 IP，一方面能够强化内部员工的归属感，另一方面能够对外打造企业形象，与目标用户进行更多的互动，建立更深层次的联系。对于企业而言，IP 形象能够成为内容营销的利器，助力其实现业务增长。

6.3.3　核心个人 IP：以个人魅力打动用户

除了企业 IP、形象 IP，企业还可以打造核心个人 IP，从创始人的角度出发，以其个人魅力打动用户。打造创始人个人 IP 有三个方面的优势：一是有利于积累粉丝。创始人 IP 与企业、产品 IP 相辅相成，成为品牌资产的重要组成部分。二是能够为业务、产品或服务引流，降低营销获客成本。三是能够进行资源链接，挖掘新的业务增长点。

企业创始人不仅代表整个企业的形象，还在一定程度上决定了企业的发展态势，因此他必须有自己的工作态度和行事准则。要想把事业做好、做大做强，创始人需要找一些与自己有相似方法论的人来一起管理企业。即使找来的人开始还没有形成与创始人一样的方法论，随着时间的推移和需求的扩大，创始人也会慢慢地塑造、影响他，甚至改变他。这就会形成一种符合创始人方法论的文化。

例如，A 企业是一个做电商运营的初创平台，企业老板是 85 后，刚从"打工"的角色里走出来，对未来充满热情和信心，在企业组建之初，就凭借着个人魅力吸引了一大批 90 后员工，虽然工资不是很高，但离职率很低。员工纷纷表示，老板在工作时非常注重方法，非常明确什么时候做什么事，每天都是"今日事今日毕"，从不提倡员工加班，而且管理非常人性化，工作氛围非常轻松。

作为企业的象征，创始人的处事方法会对企业员工和消费者产生一定的影响。创始人是一个追求完美的人，员工在工作时会力求达到完美；创始人富有活力，那么整个企业的氛围都是活跃的，也会吸引拥有同样方法论的消费者。

企业想要生存，无形的东西往往比有形的东西更重要。如果企业不能长期地做好价值观营销，就难以占据消费者心智的高地，迟早会被淘汰。

6.4 加速传播，形成品牌 IP 效应

企业在进行品牌 IP 建设时，可以利用多种方法吸引用户，获得更多用户的关注，在激烈的市场竞争中取得胜利。企业可以利用设计标签、案例营销、建立同盟、故事效应等方法加快品牌 IP 传播，吸引更多流量。

6.4.1 设计标签：精准吸引用户

企业可以利用设计标签的方式，突出自身的特点，更加精准地吸引用户，提高用户转化率。企业在设计标签时，可以从以下五个步骤入手。

（1）确定目标受众。企业设计标签，需要明确目标受众。通过了解目标用户的需求、特点，企业能够制定具有针对性的策略。如果企业属于 IT 行业，那么可以将"IT 解决方案""数字化转型"等关键词作为标签，吸引用户的注意。

（2）选择合适的关键词。企业可以从目标用户的搜索习惯、关注点等入手，选择合适的关键词，将其作为内容标签。

（3）输出有价值的内容。企业在设计内容标签时，也需要注意内容质量。标签仅仅是一个引导，而真正能够吸引用户的是内容的质量。企业可以通过分享行业发展趋势、行业经验等塑造专业的企业形象，吸引用户。

（4）多平台传播。为了进一步扩大影响力，企业可以根据用户的特点选择合适的平台。例如，目标用户主要活跃在微信上，企业可以在微信公众号、视频号等渠道进行营销推广。

（5）监测和优化。企业可以通过搜索排名、转化率、用户反馈等，了解内容标签的效果是否对 IP 打造具有推动作用，并及时进行调整和优化。借助监测与优化，企业能够不断提高标签的精准度，实现更好的营销效果。

总之，企业可以通过设计标签打造 IP，更加精准地吸引用户，强化自身的竞争优势，推动潜在用户转化，打开更多发展空间。

6.4.2 案例营销：打造标杆大事件

企业想要进一步提升品牌 IP 的影响力，可以采取案例营销的方法。案例营销指的是利用已有用户的成功案例吸引潜在用户。案例营销能够帮助企业打造品牌 IP，赢得潜在用户的喜爱。借助成功案例，企业能够向潜在用户更加全面、直观地展示其解决问题的能力，提高潜在用户的信任度，刺激潜在用户作出决策。

如何打造标杆大事件？企业可以从以下三个方面入手。

1. 确定合适的题材形式

企业可以对用户的案例进行分类，如干货型、故事型、采访型等。干货型的用户案例往往具有极强的专业性和权威性，但是内容有些枯燥，阅读较为困难。故事型的案例往往简单易读，引人入胜，但如果把握不好描述方式，用户可能会质疑案例的真实性。采访型案例往往较为直观，能够提高用户的信任度，但是采访需要很多前期准备工作，工作量较大。题材形式并无好坏之分，企业可以根据自身的情况选择合适的形式。

2. 确定内容框架

企业在书写用户案例时需要提前确定内容框架，有目的地书写内容。用户案例一般包括四个部分：案例介绍、用户的需求、解决方案、成果价值。

需要注意的是，在书写内容时，企业应使用平实的语言并引用一些数据，以增强用户的信任感，打动用户。

3. 有吸引力的标题

企业可以通过设置悬念、反问、展示具体数据、对比同类产品等方式撰写有吸引力的标题，以引起潜在用户的阅读兴趣。此外，在撰写标题时，企业应以用户需求为中心，以有效拉近与潜在用户的距离，获得潜在用户的好感。

4. 其他注意事项

（1）做配角而非主角。企业在打造标杆案例时应该将用户作为主角，将自身作为帮助主角解决问题的帮手。这样设置有利于潜在用户在阅读案例时带入主角身份，更加直观地感受到企业的作用，提升案例的可信程度。

（2）利用直观的方法进行案例呈现。企业可以在书写案例时多使用图片和数据，更加直观地展现案例。例如，企业可以将一些数据转化为图表或者标记一些重点数据，为潜在用户"划重点"。

（3）注意语言的准确性。企业面向的用户可能来自不同的国家或地区，对此，企业需要编写不同语言版本的案例。在书写案例时，企业需要注意语言的准确性，避免出现错误。

赢得潜在用户的信任是实现业务增长的基石，企业可以利用打造标杆案例的方式获得用户的信任，与用户建立良好的关系。

6.4.3　建立同盟：共同合作实现共赢

不同的企业在市场竞争中面临的困境不同，为了能够抢占更大的市场份额，获得更大的品牌影响力，许多企业基于利益建立同盟，进行联合营销，实现资源整合、风险共担。

例如，知名潮牌 Supreme 与奢侈品品牌 LV、手机品牌荣耀等展开合作，在小红书、抖音等受年轻人欢迎的平台进行宣传，吸引年轻用户。

在进行联合营销时，企业需要拥有四个思维，以便更好地建立同盟关系。

（1）用户思维。企业在进行营销时应该将重点放在用户身上，以用户为中心。

（2）点思维。企业在建立同盟进行营销时无须做到面面俱到，只需要抓住关键点进行突破即可。

（3）产品思维。企业在建立同盟、进行联合营销时，应该注意将联合营销产品化。联合营销往往会出现活动结束热度直线下降、无法沉淀粉丝的情况。在这种情况下，企业需要利用产品化、运营化思维打造联合营销阵地，实现持续的用户转化。

（4）开放思维。企业只有保持开放，才能达到良好的联合营销效果。

企业与合作伙伴建立同盟，有利于实现资源互补，共同达成战略目标。但是企业需要谨慎选择合作对象，以真正达到"1+1 ＞ 2"的效果。

6.4.4　故事效应：让用户产生共鸣

故事是一种具有独特价值的沟通方式，能够引人入胜，吸引用户产生情感共鸣，提高营销效果。但是企业想讲好故事，并不容易。

小米创始人雷军曾在演讲中说过这样一句话："有故事，品牌自己都会飞"。雷军可谓是讲故事的高手，创业者可以从他身上吸取经验。

雷军曾经把小米发展过程中的一些重要故事整合起来，形成"故事大串烧"，包括招聘高素质人才进入团队、创始团队的分歧、100 个种子用户的梦想、手机如何定价、搞定其他同类品牌赢取人心等。这些故事成为吸引用户的重要因素，有些用户也许记不住手机配置，也记不住小米的上下游企业都有哪些，但能记住这些故事。对于雷军来说，这些故事就是向用户传递价值观的最佳载体。

雷军重点介绍的正能量故事可以很好地体现小米的价值观，也从侧面宣扬了小米的发展潜力，有利于激发用户的兴趣。雷军坚持"故事为先"的定律，将一个个故事凝聚成小米的"灵魂"，不断深化小米的品牌价值，让用户对小米产生了独特的感情。

创业者可以学习雷军的经验，以故事的形式将项目、产品、品牌、企业，更好、更有效地推广出去。在讲故事时，创业者应秉持扬长避短的原则，说自己应该说的和可以说的。

7 第 7 章
可持续增长：培养增长意识很重要

企业不仅需要注重短期发展，还需要注重未来可持续发展。对此，企业需要培养可持续增长意识，利用多种手段实现增长。下文将从盈利规划、合理利用无形资本、平衡增长与成本三个方面出发，为企业培养增长意识、实现持续增长提供可行路径。

7.1 进行盈利规划是关键点

在瞬息万变的市场中，企业不仅要会赚钱，还要能够对盈利进行规划。盈利规划能实现企业资源优化和进行有效的风险管控，助力企业在激烈的市场竞争中保持优势，实现持续、健康发展。

7.1.1 了解反映企业盈利的指标

盈利指标能够反映企业的盈利状况，为企业的投资、融资等方面的决策提供依据。反映企业盈利的指标主要有五个：主营业务净利润率、销售净利润率、销售毛利润率、净资产收益率、总资产收益率。

1. 主营业务净利润率

通常情况下，企业的盈利主要来自其主营业务，主营业务的盈利能力可以直接反映企业整体的盈利情况，主营业务利润率是判断企业盈利能力的重要指标。

主营业务利润率是企业在一段时间内主营业务利润与收入净额的百分比，其公式为：主营业务利润率＝（主营业务收入－主营业务成本－主营业务税金及附加）÷ 主营业务收入 ×100%。

这项指标能体现企业在经营活动中的盈利能力，对一家企业的主营业务进行分析，可以充分了解该企业的产品成本、营销推广策略、经营策略等方面的情况。这项指标越高，就越说明该企业产品定价科学、成本控制合理、营销策略得当、主营业务突出，具有很大的市场竞争力。

2. 销售净利润率

销售净利润率即净利润在销售收入中所占的比率，可以直接反映企业每次销售收入带来的净利润，是企业销售收益水平的表现。其计算公式为：销售净利润率＝（销售收入－产品成本－各项期间费用－税金）÷ 销售收入 ×100%。

通过对销售净利润率进行评估，企业可以直观地了解到销售额增加后利润是否相应增加。企业推广、产品成本、管理等费用，都会随着销售额的增加同步增加，企业净利润很可能因此停止增长甚至负增长。

在对这项指标进行分析时，企业可以将连续几年的数值进行纵向对比，从而得到近几年的发展趋势；也可以将指标数值与其他企业或同行业的平均数值进行横向对比，从而判断自身的市场竞争能力。

3. 销售毛利润率

销售毛利润率与销售净利润率相似，区别在于前者忽略了税收、管理成本、销售成本、财务成本等其他成本。其计算公式为：销售毛利润率＝（销售收入－

产品成本）÷ 销售净收入 ×100%。

这项指标可以使用企业的利润表计算得出，常用于分析企业主营业务的盈利空间及变化趋势。企业可以通过该项指标数值的波动，发现运作中存在的问题，并及时解决问题。此外，企业可以通过它了解自身经营情况、判断自身的核心竞争力、选择投资方向等，以作出更科学的决策。

不同行业的企业毛利润差别很大。例如，酒水类、生物医药类企业毛利润很高，因为产品的成本很低。而煤炭、钢铁等重工业企业运营成本很高，毛利润较低。

4. 净资产收益率

资产与负债的差值即为企业的净资产。净资产收益率即净利润与净资产的比值，又被称为股东权益报酬率，计算公式为：净资产收益率＝净利润 ÷ 净资产 ×100%。

这项指标体现了企业使用原有资本获得收益的能力。企业产品的竞争力提高或企业的运营效率提升，会带动销售利润及资产周转率提升，净资产收益率也会随之提升。

5. 总资产收益率

许多企业负债较多，导致净资产收益率虚高，在这样的情况下，企业就需要使用总资产收益率评估自身的盈利能力。总资产收益率即净利润与总资产的比值，计算公式为：总资产收益率＝净利润 ÷ 总资产 ×100%。

这是衡量企业盈利能力的重要指标，也是判断企业是否负债经营的重要依据，其数值越高，表明企业的竞争实力和发展能力越强。

总资产收益率与净资产收益率的差距可以反映出企业经营的风险程度。在分析净资产收益率时，企业最好同步分析总资产收益率。对二者进行对比分析，企业作出的决策会更科学合理。

7.1.2　规划预算，加强成本管控

生产效率、生产成本、资源损耗等都会对企业的盈利产生影响。为了保障正常运转，企业可以提前规划预算，从而明确盈利节点，加强成本管控。

制定预算其实就是确定企业花销范围。例如，某企业 2023 年的总预算为 2000 万元，年终清算时发现花销已经逼近 2000 万元，说明企业出现了严重的经营问题。对应到部门也是如此，如果企业给采购部门设置的预算比往年低 10 万元，采购人员就会努力压缩采购价格，填平其中的差距。

企业可以通过制定预算抓大放小，明确各部门的权力。在预算内的事，就交由负责人自行决定，这样可以极大地减轻高层的决策负担。要想做到抓大放小，企业就需要在制定预算的过程中做好以下两项工作。

（1）合理授权。在制定预算时，企业要明确各部门及其负责人的权利和职责范围。尤其需要明确他们在预算内的权利及超出预算应承担的责任，对此界定得越清晰，他们的执行效率就越高。

（2）绩效匹配。没有绩效匹配机制的预算没有实际意义，在制定预算过程中，企业应该将它与绩效激励和绩效评估相关联。这样可以调动员工的积极性，更好地压缩成本。

除此之外，预算的制定依托于第二年的年度计划，以在某种意义上帮助管理层制定更细致的发展规划。制定预算可以促使管理层预估企业发展中可能遇到的问题，并在此基础上充分思考，由此得到的应对方案会更有指导意义。

不仅如此，一份具有指导意义的预算，还可以将各个部门整合，确保所有人在为共同的目标而奋斗。例如，在某次活动中，企业需要将成本控制在 20% 以内，达成这个目标后，会给员工发放绩效奖金。这样就可以将所有员工的力量凝聚起来，在实现高效工作的同时，还可以有效节约成本。

当然，制定预算需要花费很多时间与精力，而按季度制定预算不仅可以节省时间、精力，还便于及时调整。在进入停滞期时，企业还可以根据预算的使用情况了解自身的实际经营状况，明确未来的盈利节点，提振员工的信心。

7.1.3 规范财税系统，了解自身情况

在复杂的税收环境下，规范的财税系统有利于企业进行资金管理，实现更好的发展。企业进行财税系统的规范化管理，能够使管理层更加全面地了解企业的财务状况，合理分配和使用资金，提升财务管理水平。

在实际操作中，财税规范化的重点有以下几个，具体如图 7-1 所示。

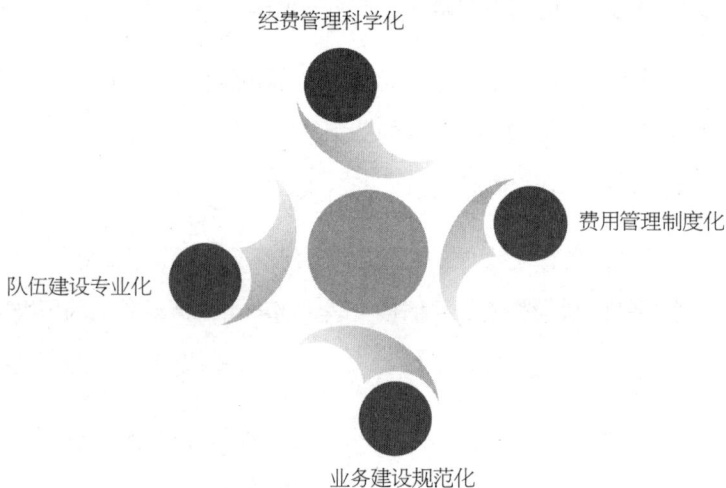

图 7-1　财税规范化的重点

1. 经费管理科学化

没有严格的经费管理办法，就无法实现对企业财税的严格管控。规范的财税管理要建立在真实的资金流动基础上，费用支出要由不同部门进行审核，并保留相应的审核记录。

企业的各项支出都需要由财务部门进行全方位评估，严格控制预算。在获得审批之后，由财务部门根据资金情况下发支出计划。此外，企业还可以建立奖惩制度或考核制度，进一步提高经费的使用效益。

2. 费用管理制度化

想要实现财税规范化管理，企业需要制定费用管理制度。无论是票据、支付凭证，还是交易文件，都需要有完善的管理及审核制度，从而规范财务部门的工作流程。例如，要想建立完善的票据管理制度，就必须严格按照票据的使用环节建立管理账簿，将所有票据分类入账，及时记录并由经手人签字确认。那些突发性支出则需要由财务部门和业务部门共同监督，将行政手段和经济手段相结合，通过行政制度严格控制费用支出，实现经济效益最大化。

3. 业务建设规范化

除了建立费用管理制度，企业还需要按照业务类别细化制度。例如，严格落实凭证登记制度，保证各项凭证及时、准确地入账；完善财税资料管理制度，将各类资料分类摆放、定期整理；加强电算化管理制度，保证计算方法科学、快速。

4. 队伍建设专业化

打造专业化的财税管理团队是一项长期的工作。对此，企业应该完善培训机制，并对从业人员进行严格的考核，全面提高他们的业务能力。

企业还需要根据所处行业、业务特点、实际反馈等因素进行更科学的流程设计。在实现财税规范化后，企业更容易实现利润最大化。

7.1.4　调整客单价，提高利润

在企业难以提升客流量的情况下，提升客单价有利于提升企业总利润。客单价通常由以下几个因素决定。

1. 门店的铺货情况

销售场景会影响用户的购物决策。例如，大卖场、超市、便利店三者相比较，大卖场内产品的铺货量最大、品类最广，超市其次，便利店最次。因此，同样的产品，在大卖场的客单价可以达到 60～80 元，在超市可以达到 20～40 元，而在便利店则只有 8～15 元。

2. 促销活动

在品牌进行促销活动时，用户通常倾向于以优惠价格购入更多产品。企业可以利用这种消费心理，通过优惠活动促使用户购买更多产品，从而提高客单价。

3. 产品的关联组合

根据产品之间的关联性，企业可以将产品划分为同品类、相近品类、跨品类和跨大类，并将产品进行组合，从而有效提高客单价。例如，将婴儿的食品、服装、玩具进行组合，实际上横跨了 3 个大类，但这种组合符合用户的消费习惯，可以有效提高客单价。

在了解影响客单价的因素后，企业就可以从这些方面入手提高客单价。

对于同类产品，企业可以采用降价促销、捆绑销售等方式；对于不同类产品，企业可以将产品组合，让销售情况好的产品带动其他产品的销售。在这个过程中，企业要考虑产品的关联性，利用产品的相似性或互补性激发用户的购买欲望。

企业也可以对产品的销售数据进行分析。例如，分析各品类的产品在不同季节、不同节日的销售情况，从而建立产品与节日之间的连接，进一步引导用户消费；了解各品类产品的销售趋势，提升产品的品类档次；创建完善的会员系统，绘制会员消费行为画像，对会员进行针对性营销。

此外，企业还要实时更新产品信息，频繁制造消费热点，向用户推广当期的最新产品、热销产品、促销产品，使提高客单价成为常态化。

7.2　利用无形资本实现企业增值

在以知识、创新和品牌价值为主导的知识经济时代，无形资本已成为企业增值的隐形引擎。从专利技术到企业文化，从人力资源到数据价值，无形资本的力量逐步被挖掘和放大。无形资本构筑了企业的核心竞争力，驱动企业持续增长。企业需要重视无形资本的价值，利用无形资本实现增值。

7.2.1　知识经济时代，知识产权作用凸显

知识产权是智力劳动成果，包括专利、商标等。随着知识经济时代的到来，知识产权对企业发展的推动作用越来越明显。知识产权能够提升企业的核心竞争力，推动企业进行技术创新。

目前，全球智能手机市场的竞争已经进入白热化阶段，由市场营销竞争转向产品专利竞争。因此，各大智能手机企业都希望通过建立专利壁垒形成自己的优势，而华为在这方面做得尤为突出。

众所周知，在智能手机市场当中，苹果独占鳌头，市场份额保持领先。相关数据显示，近几年，华为手机的发货量较之前有很大的提高，在国内市场占据最大份额，全球市场份额也曾反超苹果。可以说，华为正在持续吞食由苹果主导的高端市场。

华为的成功，特别是对高端市场的突破，与其持续在智能手机技术专利方面的投资紧密相关。相关资料表明，早前，苹果和华为达成授权协议，由苹果向华为支付专利技术使用费用。华为的知识产权为其带来巨大的收益，助其建立起坚固的技术壁垒。

知识产权是企业发展的核心，不仅可以使企业保持技术领先，还可以保证企业稳步发展，从而实现更大的商业价值。只有重视知识产权，企业才能通过知识产权获益。

7.2.2　重视商标的溢价能力

优质的商标有利于企业树立良好形象，从而提高品牌知名度和大众认可度，实现品牌溢价。

优质商标的升值空间很大，升值速度也很快。例如，某企业曾在全球范围内注册"IPAD"商标，之后，苹果企业发布新品 iPad，该商标的价值迅速飙升。苹果企业曾向商标局申请，试图撤销该企业注册的"IPAD"商标，在经历多次开庭审理与协商讨论后，苹果企业向该企业支付一笔巨款，用以购买"IPAD"商标。

对于企业来说，优质的商标本身就是免费的宣传广告，拥有极强的溢价能力。许多企业花费百万元、千万元的广告费进行产品推广，而一个优质的商标就可以省去这些费用，快速抢占用户心智。

企业还可以通过入股商标使用权、商标买卖、商标证券化等方式盈利。经过合理布局和有效管理，商标也可以成为企业盈利的重要途径。

7.2.3　数据价值日益突出

数据作为一种新型生产要素，已经融入企业发展的各个环节中，改变了企业的生产方式。企业可以利用数据深入洞察用户需求，快速决策，获得更大的竞争优势。

例如，保险公司可以对司机的各类数据进行分析，如行驶里程、驾驶稳定系数，以及刹车、油门踩动情况等。根据分析结果，可以得知司机的驾驶习惯及未来驾驶风险，然后确定车险保费金额。由于这些数据具有稀缺性及差异性，掌握较多这些数据的企业，就能更好地为用户提供差异化服务，从而在商业竞争中胜出。

电商巨头亚马逊推出个性化推荐功能后，被许多企业效仿，个性化推荐逐渐出现在新闻资讯、书籍阅读、音乐播放、社交等各种产品中。例如，网易云音乐以精准的每日歌单推荐闻名；淘宝的商品推荐个性化十足；今日头条主打根据用户偏好推荐资讯。

一家能够有效整合数据的企业，拥有更强的经营和发展优势。如何对产品数据、客户数据进行挖掘、整合、分析，已经成为企业进行战略布局的重要课题。企业可以从以下三方面着手，对一些有重大价值的数据进行整合与分析。

1. 有目的地收集数据

有目的地收集数据，可以确保数据分析结果有较强的针对性与实操性。如果企业的目的主要是为用户提供个性化服务，那么企业需要收集用户的购买历史、浏览行为、搜索关键词等数据。如果企业的目的是借助数据进行销售趋势预测，那么就需要收集市场数据、竞争对手销售数据、历史销售数据等。

2. 绘制用户画像

收集数据后，企业可以把数据整合，用描述性文字创建用户画像。企业需要将全部相似属性列出，并进行筛选与去重，将其中与产品契合的用户属性重点标记出来，并用可视化的形式展现。同时需要注意，用户画像需要具有一定灵活性，方便在后续过程中根据用户的动态行为进行修正。

3. 验证用户画像

首次绘制出的用户画像可能存在偏差，因此企业还要根据用户的行为偏好在后续对用户画像进行修正。企业可以使用定向内容评估法验证用户画像，即在建立初步的用户画像后，根据画像结果向特定的用户群体推送产品，通过产品的购买率或复购率判断用户画像是否准确。这样企业可以有针对性地调整用户画像，给用户提供更加精准、优质的服务。

未来的商业竞争本质上是数据的竞争。企业应精确掌握数据，并根据数据整合结果把控服务流程，实现企业业务的整体优化，从而占据市场竞争中的优势地位。

7.3 增长与成本之间的秘密

在成本方面，很多企业往往只关注显性成本，忽视了隐性成本，从而造成了许多成本浪费。为了确保企业经济增长的稳健与可持续，企业应深入洞察成本结构，严格把控成本支出，特别是那些不易被察觉的隐性成本。

7.3.1 重中之重：降低供应商成本

许多企业在供应链管理方面存在缺陷，因此造成了巨大的成本浪费。企业想要降低成本，可以从供应商入手。供应商是供应链中的重要一环，能够对企业的盈利情况产生重大影响。

为了有效降低成本，企业应选择优质的供货渠道。优质的供货渠道能够有效提升企业的竞争力，是企业拓展市场、提高销量的保障。如今，越来越多的企业认识到从供应商处着手削减成本的重要性。具体来说，企业可以采取以下方法。

1. 多方比价

深入分析价格、全面理解成本结构的基本构成，是对采购人员专业能力的核心要求。如果采购人员对产品成本结构缺乏了解，他们将难以评估价格的合理性，从而可能错失众多降低成本的机会。

企业在选择供应商时，不能仅仅依赖采购人员的个人喜好，也不应直接与以往的供应商再次合作。为了确保采购决策的科学性与合理性，企业应当遵循以下步骤：首先，设定正式的报价支出限额，以明确采购预算；其次，向多家潜在供应商发出报价请求，以获取多元化的报价方案；最后，将各供应商提供的价格与历史价格及预算限额进行对比分析。

通过多方比价，企业能够获得最具竞争力的价格，从而节省大量成本，增强市场竞争力。

2. 供应商管理

企业要制定合理的采购方针，理想的供应商是保证生产、提高经济效益的关键。对于提供原材料、辅助材料、配套设备的供应商，企业都需要慎重选择。选择不当不仅会影响产品的质量和生产周期，还会影响企业的信誉和经济效益。

在签订采购合同前，企业要先对供应商进行考核，再在合格的供应商中进行进一步的挑选。对供应商的考核可以从三个方面进行：一是供应商的规模是否可以保证产品的生产进度；二是供应商是否具有相应的资质证书和生产经营许可证；三是供应商的履约能力、技术、质量是否能满足企业的产品生产要求，是否提供售后服务。

3. 合并采购

在采购过程中，企业可以将同类物品进行合并，从而进行更大规模的采购。这样不仅提高了企业议价的能力，使企业更容易争取到折扣，还提升了采购效率。不过，这种采购形式对采购人员的谈判能力与整合分析能力有着更高的要求。

需要注意的是，降低采购成本要站在整体经营的角度综合权衡各项指标，不要一味地追求低价而忽视其他成本，如运营成本、时间成本等。如果为了迎合低价供应商的时间而牺牲自身项目的进度，会引发一系列的负面影响，得不偿失。

7.3.2　警惕那些隐性成本

在经营过程中，隐性成本很容易被企业忽略，从而增加了企业的成本支出。要想最大化压缩成本，企业需要严格控制隐性的日常开销。企业控制日常开销的关键在于梳理支出费用项，节省不必要支出，控制日常开销的具体内容如图 7-2 所示。

图 7-2　控制日常开销的具体内容

第一，选择房租低的办公场所。企业选择办公场所应遵循价格便宜、交通便利两个原则。如果企业不需要接待客户，那么在家办公是一个能最大限度压缩成本的方法。

第二，尽可能使用二手办公设备。企业经营初期，难免需要购置办公设备和日常用品，这是一笔不小的花销。在不影响工作效率的前提下，企业可以通过租赁或采购二手设备的方式节省成本。

第三，减少企业开支。企业开支主要包括人力开支和行政开支。在初创期，企业可以通过聘用兼职人员或者实习生的方式减少人力开支。同时，企业可以鼓励员工节约水电等，以节省行政开支。

　　第四，采取底薪 + 绩效的薪资结构 。很多企业采用高薪策略留住人才，事实上这样不仅会增加开销，还容易使员工产生懈怠的情绪。因此员工工资可以采用底薪 + 绩效的方式发放，这样不仅能激励员工，还可以控制成本。而对于企业的核心人才，则可以通过发放期权、股票等方式替代高额薪资。

　　第五，营销费用花在"刀刃"上。企业可以通过微信、微博等平台进行高性价比的网络营销。这种营销方式的费用通常不会很高，但是推广效果十分显著。

　　总的来说，控制日常开销是为了获得更多利润。这需要企业对日常开销的重要性有清晰的判断，明确哪些部分可以缩减开销、哪些部分需要增加开销、哪些开销可以直接省去。只有将每一笔资金都用到实处，企业才能最大限度地压缩成本，实现利润最大化。

8 | 第 8 章

投融资：资本流动起来才有意义

资本是企业发展的重要支撑，其流动性是确保企业活力和持续增长的关键。投融资的实质在于使资本流动起来，发挥其应有的价值，为企业创造更大的发展空间和可能性。企业需要了解常见的融资模式，明确筹集资金的最佳路径。此外，企业还需要了解常见的投资模式，通过引进投资的方式拓展市场、实现价值增长。

8.1 常见融资模式盘点

市面上的融资模式类型丰富，主要有债权融资、票据贴现融资、商业信用融资、股权众筹、贸易融资和政策性融资。企业可以根据自身的需要，选择合适的融资模式。

8.1.1 债权融资

债权融资是一种常见的融资方法，是指企业利用借钱的方式获得资金，完成融资。债权融资主要有三种方式，分别是发行债券、金融租赁和信用担保。进行债权融资，企业不仅需要承担资金的利息，还需要在借款到期后偿还本金。企业主要利用债权融资解决运营过程中资金短缺的问题。下面是对债权融资三种方式的详细介绍。

1. 发行债券

发行债券是债权融资的一种重要方式，是创业者依照法律程序发行具备债权和兑付条件的债券，从而进行资金借贷的法律行为，通常有私募发行和公募发行两种发行方式。其中，私募发行具有发行条件宽松、满足企业多种融资需求、无发行总额要求、发行周期较短等优势，因此成为很多企业首选的融资方式。

为拓宽中小微企业的融资渠道，解决中小微企业融资难的问题，证监会研究推出中小企业私募债制度，这意味着非上市中小微企业可以通过发行债券直接融资。

发行私募债券对企业的要求如表 8-1 所示。

表 8-1 发行私募债券对企业的要求

公司主体	符合企业债券、公司债券的一般性规定，包括：（1）存续满两年；（2）生产经营规范，内控完善；（3）企业两年内无违法违规、无债务违约行为等
净资产	股份有限公司的净资产不低于人民币 3000 万元，有限责任公司的净资产不低于人民币 6000 万元
盈利能力	最近三年平均可分配利润足以支付公司债券一年的利息
偿债能力	对资产负债率等指标无明确要求，按照公司债券上市要求，资产负债率以不高于 75% 为佳
现金流	经营活动现金流为正且保持良好水平
用途	筹集的资金投向符合国家产业政策
利率	债券的利率不超过限定的利率水平
担保	鼓励中小企业采用第三方担保或设定财产抵 / 质押担保

企业可以根据自身情况并结合表格要求决定是否进行债权融资。在股权融资存在一定难度的情况下，通过发行私募债券进行融资是一个不错的选择。

2. 金融租赁

金融租赁也是债权融资的一种，欧洲金融租赁联合会将其定义为：出租方和租赁方以书面形式达成的协议，在一个特定的期限内，由出租方购买承租方选定的设备和设施，同时拥有所有权，而承租方拥有使用权。

金融租赁的优势十分明显。企业无须抵押或担保就可获得全额融资，这样可以在一定程度上降低企业的现金流压力。从某种意义上来说，金融租赁可以作为长期贷款的替代品。

如今，金融租赁已经成为一种通用融资工具，解决了中小型高新技术企业融资难的问题。随着经济的发展，金融租赁的表现越来越多样化，许多租赁服务应运而生，如委托租赁、风险租赁等。金融租赁的适用范围非常广，对企业规模没有限制，不仅可用于厂房、设备等实物产品，还可用于软件、信息系统等虚拟产品。

当然，金融租赁不可避免地存在一些缺陷。例如，能满足的需求总量有限，风险收益特征和行业指向性都比较强。虽然目前针对中小型企业的租赁服务逐步增加，但对中小型企业的资产、经营状况等方面有一些硬性要求。

金融租赁机构往往有一套严格的审核手续。首先，它们会对融资项目进行风险评估；其次，它们还会判断项目盈利的能力；最后，它们会进行风险控制，部分租赁机构还会严格限制标的物的行业和应用领域。此外，租赁双方还需要提供保证金，其额度约为总融资额度的20%。

3. 信用担保

信用担保即在企业信用资质未达到银行贷款要求的情况下，由担保机构提供担保，以提高企业的资信等级，从而使企业获得融资。信用担保可以保障债权实现，同时促进资金与其他生产要素的流通。

作为一种特殊的中介活动，信用担保的主要作用就是将投资风险分散或转移。

担保机构的介入，不仅分散了银行贷款的风险，还增强了银行对中小型企业的信心，中小型企业贷款的渠道因此变得通畅。

担保机构不会限制企业所处行业，但会要求企业具有持续、稳定的经营能力，还会要求企业在行业内具备相对优势，如在产品、资源等方面超越竞争对手。同时，担保机构还会根据企业的资产负债率、现金流量、利润增长率等数据指标和历史经营状况判断其偿还能力。此外，部分担保机构会要求企业领导具备战略眼光或团队具备凝聚力。

专业的担保机构不仅能根据融资需求制定相应方案，还可以帮助企业改善治理结构，在一定程度上提升企业的实力。在这些专业机构的协助下，融资往往会事半功倍。

信用担保具有不易审查和控制的特性，因此企业选择担保机构应遵循适度、谨慎的原则。信用担保机构良莠不齐，在资本实力、风险控制和商业信誉等方面存在很大的差别。企业应当结合实际情况，对担保机构进行筛选，排除那些实力弱小、无法提供担保的机构。

8.1.2　票据贴现融资

票据贴现融资指的是企业往往会持有一些票据，当企业需要资金时，可以将这些票据转让给银行，银行会在扣除贴现利息后，将票面金额支付给企业。在回款不及时或需要大量资金时，企业就可以利用票据贴现的方式进行应急融资。

许多中小型企业会利用商业汇票进行结算，因此它们通常持有大量汇票，在票据兑现日之前，这笔资金会被闲置。向银行或贴现企业承兑汇票，是一种低成本的融资方式。这种融资方式具有以下优势。

1. 利率较低

票据市场的利率一直保持较低的水平，对中小型企业有很大的吸引力。向银行申请承兑汇票后，企业只需支付一定数额的保证金和手续费，就可以获得资金。

2. 企业能够及时获取资金

很多中小型企业尚未达到银行放贷标准，难以及时弥补资金缺口。在这种情况下，银行可以通过对这些企业持有的票据进行承兑贴现的方式，将资金输送到相对安全的票据融资市场，从而间接地实现资金输送。

3. 降低银行经营风险

获得汇票后，银行可以向其他银行申请转贴现，或者向中央银行申请再贴现。银行可以通过这种方式获取收益，分散自身的经营风险。

票据贴现是一种票据买卖行为，也是银行的一种短期贷款业务，实际上是将债权进行转移。持票人可以通过票据贴现，将票据提前转化为流动资金。这种方式可以加速资金在市场上的流通，有利于市场经济的发展。

8.1.3　商业信用融资

商业信用融资是一种利用商品进行融资的行为，即企业无须抵押或担保，仅凭自己的信誉就能获得融资。这种融资方式多以商品为媒介，在企业之间相互买卖商品的过程中出现。它是一种普遍的、受到很多企业青睐的融资方式。

在申请创业小额贷款时，很多人倾向于商业信用融资。商业信用融资之所以会受到创业者的偏爱，是因为它存在许多其他融资方式无法比拟的优势。

首先，利用商业信用进行融资非常方便，在交易过程中，商业信用随商品买卖而建立，融资的自然属性更高，无须另外办理融资手续。其次，在没有现金折扣、使用不带息应付票据或采用预收货款的情况下，进行商业信用融资不需要成本。最后，与其他融资方式相比，商业信用融资的限制条件较少，且无须抵押和担保，选择余地更大，条件更优越。

当然，商业信用融资也存在一些缺陷，如融资期限较短、资金金额较少、需要商业信用基础等，在某些特定情况下，进行商业信用融资需要很高的资金成本。

8.1.4　股权众筹

股权众筹是指企业拿出一定的股权给投资者，投资者通过投资成为企业的股东，以股东身份获得相应的收益。它是一种以互联网渠道为基础的新型融资模式，受到很多企业和投资者的欢迎。

股权众筹有两个特点：单笔融资金额很少、投资者人数很多。股权众筹的优势是融资效率高，劣势是股东多导致投后管理比较麻烦。另外，因为股东的参与度很低，所以他们难以对项目的发展和成长作出很大贡献。

股权众筹主要有两个方面的风险。

（1）法律风险。股权众筹操作不当，很容易演变成非法集资，而法律上关于非法集资的罪名很多。因此，了解二者的区别对于企业来说很有必要，表 8-2 所示为非法集资与股权众筹的区别。如果股权众筹同时满足下表中非法集资的前四个条件，可能被判定为非法吸收公众存款。因此，企业管理人员一定要谨慎识别并规避股权众筹的法律风险。

（2）控制权风险。随着股东人数增加，企业创始人的股权会被稀释，进而影响其对企业的控制权。为保证控制权，企业创始人须持有一定比例的股权，并对股东投票权进行限制，或签署一致行动人协议和投票委托协议。

表 8-2 非法集资与股权众筹的区别

二者区别	非法集资	股权众筹
是否经过审核和批准	未经有关部门依法批准或者借用合法经营的形式吸收资金	无须审核和批准
渠道	通过媒体、推介会、传单、手机短信等途径向社会公开宣传	国内的股权众筹活动都被定义为互联网非公开股权融资
是否承诺回报	承诺在一定期限内以货币、实物、股权等方式还本付息或者给付回报	建立持股平台引入股东，既要规避给予企业股权，又要规避对股权的回报作出承诺
主要对象	面向社会公众，即社会不特定对象	缩小范围（熟人圈），创始人向自己身边特定文化、资产、爱好、消费水平等圈子的特定人群筹集资金
目的	骗钱	为中小微企业提供自筹融资新渠道，缓解其经营压力
是否公开资金去向	不会公开资金去向，也不会定期展示企业的经营情况	会定期展示企业的经营情况和企业的运营流程

除了要注意风险，企业也要了解股权众筹的操作要点。

（1）明确项目方向。项目的前景、潜在的市场空间及具体的开发路径等，不仅关系到企业的长远发展，也是企业决策的重要依据。

（2）盘点与整合资源。在明确了项目的定位和方向后，企业需要明确如何有效整合资源。这涉及对团队成员的专业技能和特长进行评估，以及对现有资源的盘点，以确保项目能够顺利推进。

（3）设计运营框架。企业需要明确项目的经营模式、团队的权责分配，同时还要考虑股权代持等可能存在的问题，以确保项目在合法合规的框架内进行。

（4）筛选股东。为提高融资效率，企业应提前设定股东的准入标准，综合考虑股东的年龄、行业背景、专业能力、性格等因素。理想的股东是在行业内有影响力、专业能力强、具备丰富社交资源的人。

（5）签约。签约前，企业需要准备好股权众筹协议、一致行动人协议、股东代持协议、退出机制等文件，并想好股价应该如何制定。通常制定股价的标准是众筹到的资金可以支撑企业运营 2～3 年。

（6）激活股东。部分股东在投资后对项目的参与度不高，企业需要通过组织活动、定期交流等方式激发股东的积极性，使他们的价值最大化。企业还可以设计股东利益机制，在正常的分红外为股东提供其他形式的回报。

（7）管理股东预期。部分股东可能对项目或企业发展的预期过高，一旦实际发展速度未能达到他们的期望，他们可能会产生负面情绪。为了解决这一问题，企业需要加强股东预期管理，逐步让渡股东价值，避免一次性承诺过多的回报。

（8）制定退出机制。为确保股权的动态运作并为其提供更大的弹性空间，企业需要为股东设计完善的退出机制，明确退出方式、持股期限和股权回购等细节，以满足不同股东的需求和期望。

如果企业在进行股权众筹时能通盘考虑以上风险和操作要点，就可以大幅提高股权众筹的成功率。

8.1.5　贸易融资

贸易融资指的是围绕国际贸易结算环节所发生的资金融通活动，具有融资方式多样化、融资手段灵活的特点。市场中充斥着很多不确定因素，如何利用有限的资源降低贸易风险、实现快速融资成为不少对外贸易企业遇到的难题。而借助贸易融资，各国政府、银行和进出口企业会为本国企业提供资金，降低其供应链风险，使其可以健康稳定地发展。

贸易融资主要有以下几种类型。

1. 出口保理

出口保理即保理企业以较低的价格购买出口企业的短期账款，并向进口企业催收到期账款的过程。在保理企业确定进口企业的支付能力后，出口企业就会直接收到预付货款，不用经历等待期。

值得注意的是，出口保理不是债务，因此它不会体现在资产负债表上。同时，保理企业只会审核进口企业的信用额度，而不审核出口企业的财务状况。

2. 供应链融资

供应链融资是一种针对中小型企业的新型融资方式，实质为通过管理核心企业的资金流，为整条产业链的企业提供资金。供应链融资通常会利用保理、票据贴现、库存贷款、结构性担保等融资工具分散风险。这种融资方式的门槛、风险均较低，已经成为越来越多中小型贸易企业融资时的首选。

3. 补偿贸易融资

补偿贸易融资即由投资者提供机器设备、技术及培训人员等，由企业提供场地、原材料及劳动力，在产品生产完成后，企业使用产品或其他方式偿还投资者，清偿完毕后机器设备等归企业所有。这是一种新型融资方式，它将融资与贸易相结合，实现投资者与企业的资源互补。

根据偿还方式的不同，补偿贸易融资的类型可以分为直接产品补偿、间接产品补偿和综合补偿三种，如图8-1所示。

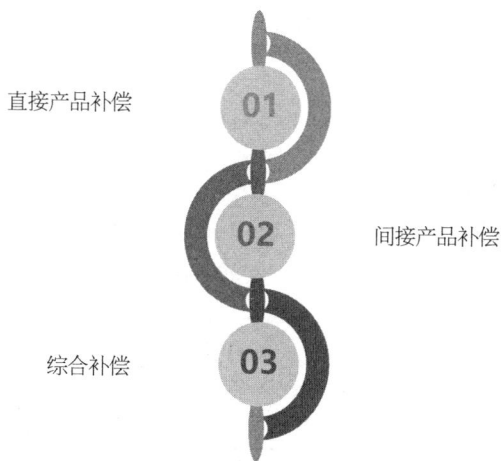

图 8-1　补偿贸易融资的类型

直接产品补偿是补偿贸易融资最基本的形式，即将产出的产品直接返销给对方，通过返销价款偿还设备及技术的价款。直接产品补偿对产品的性能、质量等方面有严格的要求，不仅要符合投资者的标准，还要符合国际市场的需求标准。

间接产品补偿即通过双方约定的原材料或其他产品偿还设备及技术的价款。

综合补偿是上述两种偿还方式的综合应用，即使用产品、原材料、货币等方式偿还设备及技术的价款。

企业可以根据自身的资金状况、产品的生产情况等因素，选择适合的补偿方式。

补偿贸易融资是汇源果汁发展的根基。其创始人在接手企业时，发现企业几乎一无所有，他便利用补偿贸易融资引进了一整条果汁生产线，并使用产品逐步偿还设备及技术的价款，随着生存规模逐步扩大，汇源果汁成为国内最大的饮料厂商之一。

补偿贸易融资虽然不会直接满足企业的资金需求，但可以有效减少企业的成本支出，推动企业实现可持续发展。

贸易融资可以加速企业的现金回流，减少其贸易风险，这种融资方式帮助许多中小型企业度过了资金短缺的危机，对全球贸易至关重要。

8.1.6　政策性融资

政策性融资指的是企业能够根据国家或者某些地区的相关政策而得到资金支持。政策性融资一般适用于具有行业优势、技术水平较高、符合国家相关政策的企业。政策性融资具有利率低、风险小、针对性强等优势，但也具有适用面窄、金额小、手续繁杂、受企业规模所限等劣势。政策性融资主要包括专项基金融资和高新技术融资两类。

1. 专项基金融资

专项基金指有明确来源和特定用途的资金，其覆盖领域较广，如大众传媒、高新技术、房地产、公用事业、电信、金融等。

以生物医疗领域为例，专项基金融资为新药研发注入了源源不断的动力。新药研制周期长、资金消耗大，如果缺乏稳定的资金支持，研发进度势必受阻。企业通过申请和利用生物医疗专项基金，能够迅速获得所需资金，从而加速研发进程，缩短新药上市时间，为患者带来福音。

企业应该结合行业性质及自身经营情况，有针对性地选择专项基金。同时，企业还应该遵守专项基金的使用原则，即先存后用、量入为出、节约使用、专款专用，以提升资金的使用效率，实现繁荣发展。

2. 高新技术融资

高新技术企业即在《国家重点支持的高新技术领域》范围内，以企业独有的知识产权为基础进行深度的生产、研发、经营活动，且注册时间满一年的民办企业。

高新技术企业通常会受到国家的重视，享受国家或地方性的优惠政策。例如，在税收方面，高新技术企业的研发费用可用于抵减税款，且抵税比例显著高于非高新技术企业。

除国家性税收优惠政策外，还有许多地方政府针对高新技术企业发布了优惠政策。例如，在广州市增城区，新认定的高新技术企业可获得 20 万元奖励。

由于每一项高新技术都需要大量资金的支持，因此高新技术企业对资金有着更为迫切的需求。但高新技术企业的资产多为无形资产，难以用于抵押或质押贷款，因此利用政策进行高新技术融资，就成为许多高新技术企业的首要选择。

国家通过成立科技基金对高新技术企业进行扶持，而高新技术企业通过这种方式申请到的资金是专项资金的一种，可以用于解决产品研发等技术问题。但是基金的申请对企业的专利数、科技成果等有着严格的要求，这些要求能够推动企业的战略升级，使其成为名副其实的高新技术企业。

艾尔普是一家利用干细胞及再生医学技术治疗退行性疾病的生物科技公司，其核心技术是通过将体细胞诱导为干细胞，实现组织器官或人体细胞的再生。医学界的许多人都相信，这项技术能为再生医学带来巨大的变革，能够治愈那些被神经退行性疾病和心衰疾病困扰的患者。

艾尔普的创始人王嘉显表示："公司成立的初衷，是希望利用再生医学的创新技术，为解决目前临床上难以治疗的退行性疾病而研发出革命性的细胞药物。"

许多投资者都十分看好艾尔普在再生医学方向的发展前景，在创办满 3 年时，艾尔普就在 A 轮融资中获得了数千万元的资金。作为领投人的雍创资本十分看好艾尔普的发展前景，相信其未来将研发出更多创新性产品。

后来，艾尔普成功利用干细胞再生技术治疗心衰的临床试验刊登在《Nature》杂志上，并完成了 A+ 轮融资，雍创资本、紫牛基金等老股东全部跟投，艾尔普共计获得 5000 万元资金。其创始人王嘉显表示，艾尔普将基于本次研究成果进一步为终末期心衰患者提供治疗方案，融资获得的资金将用于优化制备技术，实现产品的批量化生产。

8.2 常见投资模式盘点

对于寻求资本支持的企业而言，熟悉并掌握常见投资模式尤为重要。这不仅有助于企业更精准地对接市场需求，还能使企业在资本市场中脱颖而出，赢得投资者的青睐。下面将对一些常见的投资模式进行盘点，揭示这些模式背后的逻辑与奥秘。

8.2.1 天使投资

天使投资是投资模式的一种，指的是具有一定财富的投资者对于一些具有创意的、发展潜力大的项目进行投资。对于创业者来说，天使投资人就是"天使"一般的存在。作为一种参与性投资，天使投资也被称为增值型投资。即便是一个创业构思，只要有发展潜力，就有可能拿到天使投资。如果投资者信任创业者的能力，也会向创业者提供人脉、技术专利、管理经验等资金以外的资源。

天使投资的风险较大，投资者需要和创业者分担失败的风险和成功的收益。天使投资是自由投资者或非正式投资机构对项目的一次性投资，一般是初创企业获得的第一笔投资。

天使投资对创业企业的作用重大，而天使投资的回报也是非常可观的。通常情况下，天使投资对回报的期望很高。天使投资人一般会在一个行业同时投资10个以上的项目，最终可能只有一两个项目成功，所以10倍以上的回报才能有效分担风险。

天使投资金额较小，大多为500万元以下。由于投资金额小，天使投资人在初创企业中小额占股，一般为10%～30%，基本不会超过35%。

随着天使投资的发展，一些民营企业家逐渐发展成为天使投资的主力军。此外，有闲置资金的律师、会计师、企业高管及行业专家也会进行天使投资。其中许多人都有过创业经历，他们更容易理解创业者的难处，通常会在投资后积极参与被投企业战略决策和战略设计，为被投企业提供咨询服务和营销渠道，帮助被投企业招聘管理人员等。

在创投圈里，天使投资人的重要性与日俱增。因此企业应当更加重视天使轮融资，多多学习其他企业的成功融资经验。

8.2.2　风险投资

风险投资指的是投资者向一些具有发展潜力的初创企业提供资金并获得该企业股份的融资方式。风险投资人更青睐具有高风险、高科技、高潜力的企业，一旦投资成功，便能够获得丰厚的回报。风险投资与中小型高新技术企业的融资需求适配度很高，其特点如下。

（1）刚起步的中小型高新技术企业规模通常较小，缺乏抵押担保的资金或资产。风险投资的投资决策主要建立在对技术和产品认同的基础上，无须财产抵押，用资金就可以直接换取企业的股权。

（2）风险投资的期限一般为 3～5 年，投资方式一般为股权投资，投资者占据被投企业 30% 左右的股权，且不需要担保或抵押。

（3）风险投资人不仅能够为企业提供资金支持，还能给企业带来一定的资源。项目的后期发展和后续融资都会顺利许多。

阿里巴巴刚建立时，曾向多个风险投资机构寻求资金援助，但均被拒绝。随后，软银集团的孙正义在与其创始人的谈话中被打动，决定向阿里巴巴投资 2000 万美元。按照其上市时的估值计算，孙正义所持有的股份市值高达 580 亿美元，比最初的投资金额高出上千倍。

阿里巴巴成立初期，互联网在我国尚未普及，电脑和手机都是"奢侈品"。在这样的情况下，阿里巴巴"排除万难"，坚持把生意做到线上，或许就是这种

"世人皆醉我独醒"的状态深深吸引了孙正义。

对于想吸收风险投资的中小型高新技术企业来说，具备预测未来的能力非常重要，这在很大程度上决定其拥有的财富数量。创业是"创"未来，投资也是"投"未来，企业应该三思而后行，把握住发展趋势后再出手，从而更有效地吸收风险投资。

8.2.3　IFC 国际投资

IFC（International Finance Corporation，国际金融公司）是世界银行集团旗下的一个机构，致力于为各国私营企业提供资金支持，鼓励资本流向私营企业，推动全球经济发展。

牧原集团是集养猪、屠宰、饲料加工于一体的大型农牧企业，其每年出栏生猪约 320 万头，屠宰、加工生猪约 100 万头。2021 年 4 月，牧原集团入选"2020年全国农业产业化龙头企业 100 强"，名列榜单第 19 位；2022 年，牧原集团入选"胡润世界 500 强企业"榜单，全球排名第 390。牧原集团能取得如此飞速的发展与 IFC 的投资有着密切的关系。

双方的合作始于 2010 年，IFC 向牧原集团的子公司卧龙牧原投入 1000 万美元。此次合作使 IFC 深切感受到牧原集团的发展前景及实力，次年，IFC 派遣专家前往牧原集团进行实地调查，并决定为其子公司钟祥牧原投入 3000 万美元，用以推进牧原集团养殖产业的一体化建设。这一举措为牧原集团后续的专业化、国际化发展奠定了良好的基础。

IFC 的代表表示，牧原集团是 IFC 在华投资最成功的企业。牧原集团正在向国际化迈进，面向全球运营发展，IFC 有能力更有动力支持牧原集团更好地发展。

自建立合作关系以来，牧原集团一直是 IFC 的最佳合作伙伴。在国际资本的助推下，牧原集团飞速发展，取得无数辉煌的成就。目前，牧原集团已经成为国内领先的一体化养殖企业，其仍致力于提升综合实力，力求与 IFC 实现携手共赢。

　　我国已成为全球范围内 IFC 投资数量增长最快的国家之一。从 IFC 的投资及运作逻辑中，我们不难发现，IFC 重点关注那些处于基础设施、环境保护、金融等行业的中小型民营企业。因此，企业应该努力向前发展，保持优质信用，以吸引 IFC 国际投资。

第 9 章

9

股权分配：公平和公正是关键点

在企业发展过程中，股权分配不仅是资本结构的体现，更是企业内部权益关系的基石。公平、公正是股权分配过程中的关键要素。合理的股权分配能够激发团队成员的积极性，增强凝聚力，为企业长远发展奠定坚实基础。

9.1 过半数企业存在股权问题

对于企业而言，股权问题不容小觑，过半数的企业都存在股权问题，不合理的股权架构设计可能会对企业的发展产生负面影响。企业管理者应当明白，创造价值的人才能分配股权，同时需要警惕股权背后的风险。

9.1.1 创造价值的人才能分配股权

许多创业型企业都缺乏早期规划，往往不会考虑如何分配股权或者如何公平地分配股权。随着企业的发展前景越来越清晰，价值越来越高，创始团队成员会更加关注自己的股权和应得利益。如果等到这时再进行股权分配，很容易导致部分成员不满，引发内部冲突，阻碍企业发展。因此，企业应当在发展早期就按照各位成员的贡献合理分配股权。

例如，A、B、C 三人共同创办了一家企业，A 出资 500 万元，占股 50%；B 出资 300 万元，占股 30%；C 出资 200 万元，占股 20%。一年后，B 提出离职，但希望保留股权，原因是企业没有规定股东离职后必须把股权退回。

此时就出现了一个问题：A、C 继续经营企业，对企业的发展作出了巨大贡献，而 B 只是出资 300 万元，没有参与后续经营，却占了 30% 的股权，这对 A、C 来说是不公平的。对此，合理的解决方法是谁创造价值，谁分配利益，即不仅要对钱定价，还要对人定价。资金只占股权的一部分，而剩下的部分应该分配给作出贡献的人。

以上述案例为例，按照企业的整体估值，资金占股的比例应该控制在 30%~70%，余下的部分可以对作出贡献的人进行股权分配。按照这样的分配方法，B 即使在一年后离职，也只能保留一部分股权，不会对企业造成很大的影响。

股权是股东价值的直接体现，其分配应与股东的贡献紧密相连。这不仅是财富的分配，更是对股东辛勤付出和贡献的认可。合理的股权分配制度，不仅能够确保公平性，还能促进企业内部和谐与团结，为企业的可持续发展奠定坚实基础。

9.1.2　警惕股权背后的风险

企业在发展过程中可能会出现很多问题，在股权方面，企业应当提早打算，合理安排，避免因股权分配不合理导致合作伙伴分崩离析。

在西安交通大学北京校友会上，孟兵、宋鑫、罗高景三位气血方刚的年轻人相识了，西少爷的故事也由此展开。宋鑫原本就职于一家投资机构，后来产生了自己创业的想法；孟兵曾先后在腾讯和百度担任高级工程师；罗高景是一名 IT 从业者，熟练掌握计算机技术。三人经过深入讨论后，一拍即合，踏上了合伙创业之路。

三人成立了一家企业，但因为业绩不佳，这次创业仅持续 7 个月便宣告结束。

后来，三人又将创业方向定为肉夹馍。在经过详细的调查和缜密的部署下，第二次创业拉开了帷幕。不过，这次创业袁泽陆也加入了进来，创业团队从三个人变为四个人。

后来，西少爷肉夹馍店在北京五道口正式开业，当天中午就卖出了 1200 个肉夹馍。这家以互联网思维卖肉夹馍的店铺开业后，生意非常火爆，吸引了很多媒体和投资者的关注。在媒体面前频频亮相后，有诸多投资者开始主动与西少爷联系，其估值一度突破 4000 万元。

在肉夹馍业务发展趋于稳定时，四个人都认为应该扩大业务，但他们缺乏资金支持。因此，他们一致同意通过融资的方式获取扩大业务所需的资金。然而，就在引入投资、协商股权的过程中，他们之间的矛盾被彻底激化了。

孟兵想要拥有 3 倍投票权，而其他人对孟兵的这一要求都表示不能接受。经过协商后，罗高景、袁泽陆表示可以接受孟兵拥有 2.5 倍的投票权。宋鑫却表示除非得到投资者的同意，否则不能接受这样的要求。因为没有达成一致意见，所以这件事就被搁置了起来。

后来，孟兵、罗高景、袁泽陆要求宋鑫退出团队，他们没有召开股东大会，也没有正式宣布结果，只是在微信上将这件事告知宋鑫。之后，四人聚到一起就这件事进行洽谈。孟兵、罗高景、袁泽陆提出要用 27 万元和 2% 的股权回购宋鑫手中 30% 的股权。但宋鑫没有同意，他提出要 1000 万元。

在整件事中，孟兵处于风暴中心地位。异常冷静、鲜少发声的他在媒体的追问下，说了这样一句话："这件事情给我最大的教训是，股权分配一定要合理，否则就是给企业埋下一个'定时炸弹'。"仔细想来，他的这句话确实非常有道理。

一拍即合的几人在企业成立初期秉持着"好朋友不应该过于计较"的原则，即使西少爷的股权分配缺乏一定的严谨性和科学性，但在他们看来不是什么大事。然而，随着企业的发展和变革，曾经的好朋友由于种种原因而心生隔阂，甚至反目成仇。

在这种情况下，如果不重视股权分配，不仅会影响企业发展，给团队的关系蒙上一层"阴影"，还会让投资者遭受损失。此事也提醒投资者，在为企业，尤其是合伙企业投资时，必须警惕各合伙人之间因为朋友情谊而忽略股权分配方案的合理性。对于运营过程中可能出现的问题，投资者应该提前预测，并为之制定相应的解决措施。"先小人后君子"才是对企业负责的表现，才能使股权分配更合理，才能推动企业朝着正确的方向发展。

9.1.3　Facebook：创始人之间的精彩博弈

不合理的股权架构设计可能会导致创始人之间出现嫌隙，世界知名社交软件的创始人马克·扎克伯格也曾受到股权问题的困扰。

Facebook 各位创始人的股权是这样分配的：马克·扎克伯格 65%，爱德华多·萨维林 30%，达斯汀·莫斯科维茨 5%。马克·扎克伯格是 Facebook 的开发者，也是一个意志坚定的领导者，因此占据了大部分股权。爱德华多·萨维林懂得如何通过产品盈利，而达斯汀·莫斯科维茨则懂得如何吸引更多用户。

Facebook 创始之初的股权分配没有问题，但在后续发展过程中出现了一个小插曲，因此股权分配发生了变化。由于爱德华多·萨维林不愿意放弃学业将全部精力投入企业，而他拥有 30% 的股权，于是在新投资者加入时，就只能减少爱德华多·萨维林的股权。当爱德华多·萨维林的股权减少到 10% 时，他一气之下将企业的账号冻结，与昔日的创业伙伴反目成仇。

马克·扎克伯格减少爱德华多·萨维林股权的做法是正确的。因为股东贡献少，股权就不能太多。马克·扎克伯格意识到天使投资可以帮助企业稳定产品和商业模式，于是开始寻找天使投资。

马克·扎克伯格通过朋友关系认识了天使投资者彼得·泰尔，获得了 50 万美元的天使投资，而彼得·泰尔获得了 Facebook 10% 的股权。之后，Facebook 在 A 轮融资中获得阿克塞尔公司投资的 1270 万美元，此时企业市场估值为 1 亿美元。2012 年，创立 8 年的 Facebook 在纳斯达克公开上市。

Facebook 在上市时使用了投票权 1∶10 的 AB 股模式，马克·扎克伯格拥有 28.2% 的表决权。马克·扎克伯格和主要股东签署了表决权代理协议，掌握了 56.9% 的表决权。

Facebook 的股权架构确保了马克·扎克伯格牢牢掌控企业，保护了企业的长远利益。Facebook 的案例表明，企业要想稳定经营，就要有一个占据最大股权比例的领头人。在未来融资给投资者分配股权后，领头人应依然占有最大比例的股权，对企业拥有绝对控制权。

9.2　如何做好股权分配

企业想要做好股权分配，就需要具备战略思维，并从多个角度进行考量，衡量要素的价值，从而做到股权分配的公平、合理。

9.2.1　综合考量投入要素价值

企业不仅需要资金方面的支持，还需要技术、场地、销售渠道等方面的支持。这些要素都是合伙人对企业作出的贡献。但是这些要素的性质不同，很难用统一的标准进行衡量。如果股权分配标准不明确，合伙人之间可能会出现矛盾。

迈克·莫耶在《切蛋糕：创业公司如何确立动态股权分配机制》一书中提到："将创始人在创业项目中的贡献按照市场价值估值，然后算出所有创始人贡献的总估值，折算各个创始人贡献估值占总估值的比例，就是各创始人应该持有的股权比例。"

从理论上来说，合伙人对企业的投入与企业对其的回报应该是对等的，但企业往往还要为未来的发展储备足够资金，所以给不了合伙人足够的回报。在这种情况下，那些该给而没有给的部分就是合伙人对企业的"投资"。

例如，某合伙人为企业提供了销售渠道，按照行情，他的工资应该是 2 万元 / 月，但企业只向他支付了 0.5 万元 / 月。剩余的 1.5 万元 / 月就是他对企业的净投入，也就是他对企业的"投资"。

合伙人在企业的股权比例可以按照他在企业的净投入的多少来分配。因此，股权分配的一个重要环节，就是估算各种投入要素的价值。

一般来说，投入要素有以下几种，如图 9-1 所示。

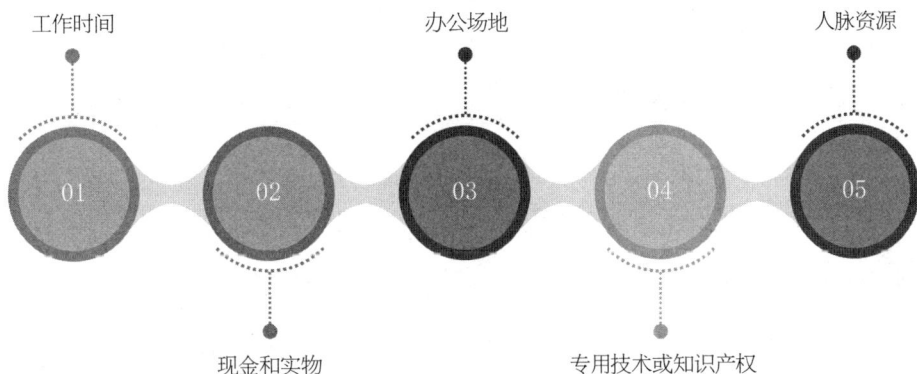

图 9-1　投入要素种类

1. 工作时间

股东为企业贡献的重要的资源之一就是他们的工作时间。因为即使企业拥有丰富的物质资源，但没有人的管理和经营，企业也无法运作和发展。

估算股东工作时间的价值相对简单，企业可以根据人才市场的工资标准来衡量。例如，同岗位、相似教育背景和工作经验的人的工资，可以作为股东工作时间的价值参考。

股东工作时间的价值并非仅基于工资来衡量。在创业初期，如果股东选择无偿为企业工作，这意味着他放弃了稳定的工资收入。这种无偿的贡献应当被视为一种特殊的投资，并相应地影响股权的分配。

在折算工资时，企业应以股东的具体情况为依据来折算他们的时间贡献。如果股东选择兼职创业，则应按照兼职人员的工资标准进行折算；如果股东全职参与创业，则应根据实际工作时间进行折算。

2. 现金和实物

现金是价值最为明确、不需要估值的贡献，只需要按照实际金额进行折算即可。在起步阶段，企业对现金的需求非常迫切，但是在项目发展前景不明朗的情况下，投资者投入大量现金的风险非常高。随着企业进一步发展，明朗的前景会吸引大量的投资者，现金的重要性相对减弱。因此，在评估创业初期现金的贡献时，应按大于实际金额进行折算。

在进行股权分配时，企业不能忽视实物资产的价值。实物资产与现金一样，都为企业的发展提供了实质性的支持。然而，要将其视为现金贡献进行估值，必须满足特定的条件。

第一，实物资产必须是企业发展所需的核心资产，如互联网行业的网站服务器。如果是日常生活用品，如微波炉、咖啡机等，就不能算作实物资产。

第二，实物资产必须是专门为了企业经营而购买的，如电脑、办公桌、打印机等。被淘汰的办公桌、旧电脑等，不能算作实物资产。

3. 办公场地

办公场地是企业运营必不可少的条件。如果股东免费给企业提供办公场地，就相当于为企业节省了这部分财务开支。那么，企业应该给却未给的场地租金就是股东的贡献。

需要注意的是，并非股东提供的所有办公场地都能算作贡献。首先，多余的办公场地不能算作股东的贡献，因为它并不能带来价值。例如，企业的规模不大，只需要一间二三十平方米的办公室，而股东提供了一个三四百平方米的办公场地，那么超出需求的部分是没有实际价值的。

其次，原本不以营利为目的的办公场地不能算作股东的贡献。如果股东提供的办公场地原先未给股东带来经济收益，那么即使为企业所用，也不会给股东带来损失，因此不能视为贡献。

4. 专有技术或知识产权

企业的核心技术是其运转的根本，股东向企业提供的专有技术、知识产权的市场价值，就是其对企业的贡献。如果股东授权企业使用专有技术或知识产权，那么许可费可视为其对企业的贡献，企业可以根据应向其支付但未支付的费用来折算其贡献。

5. 人脉资源

在企业发展过程中，融资、采购、销售等环节都需要人脉资源。人脉资源有助于企业更顺利地实现融资目标、寻找合作伙伴、拓展销售渠道等。如果股东能够为企业提供人脉资源，那么他们就实现了帮助企业节省建立和维护人际关系的成本。

企业可以从人脉资源带来的实际收益出发，采用不同的方式来折算其人脉资源的价值。如果股东的人脉资源帮助企业提高了产品销量，企业可以给予股东一定的提成。未支付的提成可以视为股东对企业的贡献。如果股东的人脉资源帮助企业实现了融资目标，企业应该向其支付一定的佣金。未支付的佣金也可以视为股东的贡献。

总之，股东为企业提供的企业需要的且没有支付资金的资源，才能作为股东对企业的贡献。企业在分配股权时，要充分考虑股东的贡献，据此合理分配股权。

9.2.2 投入要素的估值浮动

股东投入要素的估值不是一成不变的，而是随着企业发展阶段的不同而变化。例如，企业在创业初期往往需要资金、场地等要素的支持。而当企业发展至后期，往往需要核心技术来提高竞争力，获得更大的发展。而这一时期资金和销售渠道等已经稳定的要素对企业来说就没有太大的价值。股东投入要素的价值处于变动之中，获得的股权也会随之发生变化。企业可以采用下面两种方法来解决股东投入要素的价值变动问题。

1. 预估法

在初创期，企业应对每位股东的贡献进行预估，这不仅包括物质资本投入，还包括股东所付出的时间。

例如，A、B、C三人共同创业，A负责领导企业发展，B负责企业内的事务性工作，C负责出资。根据市场行情，估算出A和B的时间价值分别为年薪42万元和18万元。考虑到创业初期资金的重要性，C所投资的20万元被翻倍估值。

基于这些预估，在首个年度，如果三人都不领取工资，A、B、C三人投入要素的估值分别为：42万元、18万元、40万元。这意味着在总价值100万元的情况下，A、B、C分别持有42%、18%和40%的股权。

2. 定期评估法

定期评估法要求企业定期对股东的投入要素进行汇总和重新估值，以便更准确地反映股东在不同阶段的贡献。虽然操作相对复杂，但更适应企业发展的动态性。

还以上述案例为例，假设A和B的年薪被换算为月薪，分别为3.5万元和1.5万元。然后，每隔一段时间就对他们的投入进行估值，并据此调整股权比例。

在创业的第一个月，A和B分别投入估值为3.5万元和1.5万元的时间，而企业运营所需的 2 万元资金由 C 出资，这部分资金在估值时翻倍计算为 4 万元。因此，首月的总投入估值为 9 万元，A、B、C 分别占有 38.9%、16.7% 和 44.4% 的股权。随着时间推移，这种评估和股权分配的模式将持续进行，以确保股权比例始终与股东的实际贡献保持一致。

值得注意的是，尽管企业的股权架构在早期可能会发生较大的变动，但随着时间推移和持续的价值评估，这种变化会逐渐趋于稳定。

以上述案例为例，在创业初期，A 的投入可能会为他带来显著的股权增长。然而，随着企业总估值的不断增加和其他股东的持续投入，A 的股权增长幅度会逐渐减小。到了后期，企业的股权架构将趋于稳定，股东的投入对股权比例的影响将大幅减弱。此时，定期评估可以停止，企业可以制定一个相对固定且公平的股权分配方案。

在确立股权架构的过程中，有一点至关重要：企业在寻求外部融资之前必须明确股权分配。这不仅关系到创业团队内部的和谐与稳定，更直接影响外部投资者的投资决策。一个清晰、合理的股权架构有助于企业赢得投资者的信任和支持，从而为企业的长远发展奠定坚实的基础。

9.2.3　分配股权，必须有战略思维

股权架构设计对企业的发展起重要的作用。合理的股权架构设计有利于创业团队的团结，能够激发员工的工作积极性。因此，为了能够推动企业的可持续发展，创始人应当具备战略思维，以长远眼光看待股权架构设计。

企业在设计出完善的股权架构后，还需要保证股权架构的动态优化。随着企业的发展，不同股东对企业的贡献也在发生变化。有的股东早期积极参与企业管理，后期没有参与企业管理；有的股东早期对企业的贡献较小，后期对企业的贡献较大。因此，过早固化股权分配、忽视对股权架构的调整将为企业的发展埋下

隐患。

为了平衡股权架构与企业发展的关系，企业需要动态分配股权。动态分配股权指的是股东之间的股权动态调整，即股权不是一次性确定的，而是根据企业的发展不断改进，其目的是向各股东公平分配企业的利润。

那么企业应该怎样设计股权动态分配机制？

在企业创立之初，可以通过股东合作协议达成对部分股权的预留约定，如约定预留 15%~20% 的股权，再根据企业目标进度、整体业绩、发展水平，同时结合各股东的贡献值，将预留的这部分股权按照一定的比例分配。如果在企业创立之初已经将所有股权分配完毕，那么在企业发展过程中，也可以依据全体股东商定的协议，以不同股东的贡献值大小为原则对现有股权架构进行调整。

此外，股权动态调整贯穿企业发展的始终。不论企业处于初创期还是处于成熟期，都需要根据发展规模、发展需求的变化适时进行股权架构调整，使股东的付出与回报成正比，从而激发股东的工作热情，推动企业良性发展。

9.2.4 阿里巴巴：为新合伙人预留股权

企业发展过程中加入新人是一件十分常见的事情，而预留股权能够使新合伙人的加入更顺利。合伙人的加入代表着新鲜血液注入企业，能够为企业的发展和经营带来新的变化，因此，企业需要做好合伙人的股权分配工作。

2015 年 12 月，阿里巴巴集团宣布了一个重大消息：阿里巴巴集团的合伙人将新增四位，分别是阿里移动事业群总裁及阿里妈妈总裁俞永福、阿里巴巴集团副 CFO 郑俊芳、蚂蚁金服集团财务与用户资金部总经理赵颖及阿里巴巴农村淘宝总经理孙利军。

这四位合伙人的加入让阿里巴巴的股权架构出现了新的变动，也使阿里巴巴的业务也有了新的发展。

在阿里巴巴的发展过程中，股权分配始终有着清晰的规章和制度要求，所以，阿里巴巴能够对新合伙人的加入作出合理的安排。

中小企业更需要在前期就预留充足的股权份额，这样才能够在后期人才招揽时，拥有相对明显的优势。一方面，能够体现企业对人才的重视；另一方面，也能够表明企业有发展壮大的规划。

相反，如果未能在前期预留出股权份额，而是将企业的全部股权划分完毕，则会影响到新合伙人的合作意向。另外，如果从其他的股东手中收回股权，不仅费时费力，还会影响到原来股东的既有权利，他们可能会产生消极的情绪。

因此，为了能够在未来的发展中招揽到更多的人才，获得更大的发展空间，企业需要在前期预留出足够的股权份额，为今后的发展奠定基础。

9.3　创始人必须掌握控制权

股权分配需要解决的问题之一便是创始人是否拥有企业的控制权。作为企业的灵魂人物，创始人拥有控制权能够决定企业的发展方向，推动企业发展。创始人可以通过控制董事会、设计法人持股方案、与股东签署一致行动人协议、采取控制链等方法牢牢掌握控制权。

9.3.1　先控制董事会，再控制企业

许多创始人希望通过控制股东会的方法控制企业，但是股东会会议的召开频次低，往往一年只召开一次。董事会与股东会不同，它是企业日常事务的执行机构。企业可以根据管理需要召开董事会，创始人控制了董事会就可以掌控企业的日常事务。这是因为董事会中的董事代表的不是企业利益，而是支持他的股东的利益。

《公司法》第五十九条第一款第一项规定，股东会具有选举和更换董事、监事，决定有关董事、监事的报酬事项的职权。一般而言，为了自己的利益，投资者会在投资之前要求进入董事会，以获得企业重要经营决策的投票权。

《公司法》第六十八条第一款规定："有限责任公司董事会成员为三人以上，其成员中可以有公司职工代表。职工人数三百人以上的有限责任公司，除依法设监事会并有公司职工代表的外，其董事会成员中应当有公司职工代表。董事会中的职工代表由公司职工通过职工代表大会、职工大会或者其他形式民主选举产生。"

该条规定也适用于股份有限公司。通常情况下，董事会席位设置成单数。如果董事会席位为双数，那么很容易陷入投票僵局，具体如图 9-2 所示。

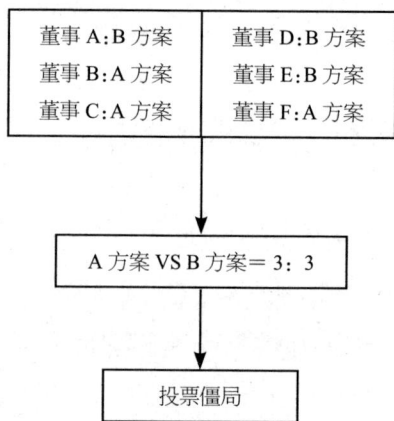

图 9-2　双数董事会席位出现的投票僵局

董事会的决议规则是一人一票，过半数董事同意，决议即可通过。因此，只要控制董事会一半以上的席位，创始人就可以主导董事会的决策。

为了保障自己的利益，创始人需要在公司章程中明确约定：创始人拥有董事会成员一半以上的提名权。这样一来，创始人的决策将获得董事会一半以上成员的支持，从而能够更好地实现自己的目标。

9.3.2　设计法人持股方案

法人持股是上市企业股权架构的重要组成部分。法人持股指的是企业的法人利用其依法可支配的资产购买企业的股权，或具有法人资格的事业单位与社会团体利用其依法用于经营的资产购买企业的股权。如果企业有法人持股方案，就可以在一定程度上维护创始人的控制权。

法人持股的股权类型分为以下两种。

1. 按股东权利划分：普通股、优先股

普通股是最常见、最基本的股权形式，它享有经营决策参与权、优先认股权与剩余资产分配权等权利。普通股股东在企业盈利与剩余财产的分配顺序上次于债权人和优先股股东。

优先股股东享有一些优先权利，主要表现在两个方面：第一，优先股有固定的股息，且可在普通股股东领取股息之前领取；第二，企业破产时，优先股股东可以在普通股股东之前领取剩余财产。但优先股通常不参加企业的红利分配，其股权人无表决权，无法借助表决权参与企业的日常经营管理。

2. 按股权的流通性划分：流通股、非流通股

流通股可以在二级市场自由流通、转让，主要包括 A 股、B 股、法人股及境外上市股。非流通股无法在二级市场上自由流通、转让。

9.3.3　与股东签署一致行动人协议

一致行动人协议能够加强创始人对企业的控制权。为了使各个股东在决策上与自己保持一致，创始人往往会与股东签订一致行动人协议。

一致行动人协议相当于在股东会之外又建立一个由部分股东组成的"小股东会"。对于某一事项，"小股东会"会事先给出一个结果作为唯一对外的意见，

用以决定这一事项是否进行，这样可以达成增加创始人控制权的目的。

如果有人作出相反的决定，或者违背一致行动人协议，其他签约人有权在法律允许的范围内根据协议约定的具体内容来实施惩罚。

例如，2022 年 1 月，陕西某电器企业的创始人与其他股东签署了一致行动人协议，至此，这位创始人与其他股东共同持有 5321.247 万股，占企业总股权的 22.56%。他们签订的一致行动人协议主要包含一致提案和一致投票行动，而双方作为企业的股东所享有的其他股票处置权、分红权、查询权等权利则不受影响。

9.3.4 双层级控制链 VS 多层级控制链

根据股权控制链条的不同，股权架构可以分为双层级控制链和多层级控制链。

在多层级控制链中，创始人位于最顶端，实际控制的目标企业在最底端，中间的多层级为多层控股企业。通过层层控股的模式，创始人可以以少量的出资实现对每一层控制链的控制，最终控制目标企业。

在拆解多层级控制链时，将其简化成双层级控制链进行解析更为清晰。双层级控制链指的是在创始人和目标企业中间只隔了一层控股企业的股权架构模式，具体如图 9-3 所示。

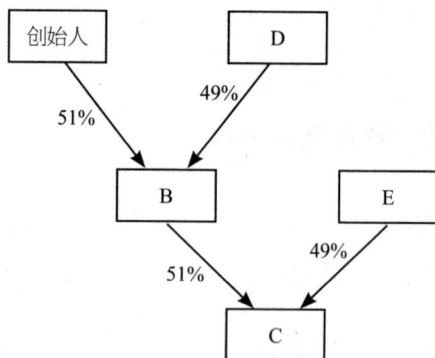

图 9-3　双层级控制链

在双层级控制链中，创始人位于控制链最顶端，拥有 B 企业 51% 的股权，又通过 B 企业拥有 C 企业 51% 的股权，进而掌握 C 企业的实际控制权。D 和 E 分别是 B 企业和 C 企业的投资方。

假设 B 企业和 C 企业的注册资本都为 100 万元，D 对 B 企业的投资和 E 对 C 企业的投资均为 49 万元，那么创始人只需要为 B 企业出资 51 万元，就控制了外部投资者 D 和 E 共计 98 万元的资金。因为创始人能以 B 公司控制者的身份间接控制 C 公司，就相当于也拥有了 C 公司的控制权。

和双层级控制链相比，多层级控制链指的是在创始人与目标企业中间隔了两个层级以上的股权架构模式，具体如图 9-4 所示。

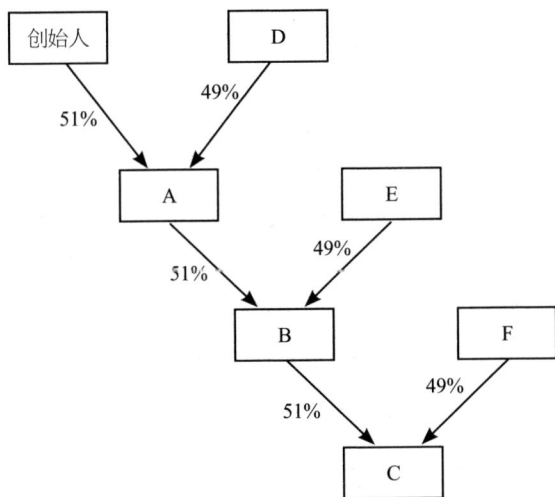

图 9-4　多层级控制链

在多层级控制链中，创始人持有 A 企业 51% 的股权，又通过 A 企业持有 B 企业 51% 的股权，通过 B 企业持有 C 企业 51% 的股权，进而掌握 C 企业的实际控制权。

假设 A 企业、B 企业、C 企业的注册资本均为 100 万元，D 对 A 企业、E 对

B 企业、F 对 C 企业的投资均为 49 万元，那么创始人只需要出资 51 万元，就可以控制 D、E、F 共计 147 万元的资金。同时，创始人也可以顺利实现对 C 企业的控制。

从多层级控制链的运作模式来看，通过层层控制的方式，多层级控制链能够使创始人以较少的资金实现对目标企业与多层投资企业的控制。多层级控制链中的层级越多，越能够吸引投资者，创始人也就能够以有限的资金撬动越多资本总量。

9.4 为股东准备退出通道

在企业发展过程中，股东可能会出于一些原因退出企业，为了降低股东退出对企业造成的影响，企业应当提前制定相应的退出规则，以确保企业平稳发展。

9.4.1 股东退出企业的三种情况

股东退出企业主要有三种情况，分别是提前约定退出、中途退出和被解雇后退出。对于不同的情况，企业需要有不同的处理方法，以保证股东的退出不会对企业产生很大的影响。

1. 第一种情况：提前约定退出

股东退出企业意味着其不再参与企业未来的经营活动，为了保证其他股东的正当权益，将股东退出企业的风险降到最低，一些企业在初创时就设立退出机制，约定股东退出时的各种问题如何处理。

例如，股东之间可以签订协议，约定任何股东退出时，意味着其放弃股权附属的全部权利，但企业对其当年的贡献还是认可的。这样既可以对股东起到一定的约束作用，又能保证企业与股东"和平分手"。

如果企业事先没有与股东约定退出机制，就很容易形成企业与股东两相对峙的局面，一旦事态扩大，会影响企业形象，阻碍企业正常运转。

例如，某企业的一位股东在办理离职时要求变现他的股权。企业按照他 3 年前认购股权的原价 300 万元，以 1：1 的比例退股。

但该股东认为因上一年企业的实收资本由 20 亿元增加到 30 亿元，因此他的股本也应该增加到 450 万元，而且上一年企业的年度每股净资产为 3 元，而非 1 元。据此计算，企业尚欠他 1050 万元未兑现。

最终，该股东将企业告上法庭，要求其追加股权回购款 1050 万元。这起事件在社会上引起了广泛关注，严重损害该企业的形象。

在这个案例中，企业和该股东各执一词。由于企业事先未与该股东明确退出机制，导致该股东认为自己的付出未得到应有的回报。最终，双方关系破裂，不欢而散。因此，提前制定退出机制对企业处理股东退出时可能引发的股权争议至关重要。

在股东退出企业时，企业往往以回购的方式收回股东手中的股权。企业对股东股权的回购也可以说是一种买断，即买断股权未来的收益。因此，企业需要秉持着"一个原则和三个方法"。

一个原则即承认股东历史贡献。尽管股东退出后不再参与企业的未来经营与发展，但企业不能忽视他们曾经的贡献。如果企业在这方面处理不公，很容易激化与退出股东之间的矛盾，甚至可能导致在职股东对企业失去信心，进而阻碍企业的发展。

三个方法的具体内容如图 9-5 所示。

图 9-5　提前约定退出的三个方法

（1）从源头限制股权权利。

从源头限制股权权利是指股东获得股权收益时是有限制条件的，体现在两个方面，一是获得条件，二是出售条件。

在获得条件方面，限制性股权主要用于激励员工。根据《上市公司股权激励管理办法》的规定，限制性股票要规定激励对象获授股票的业绩条件。企业通过评估员工的业绩目标完成度，来决定是否给予其相应的股权奖励。这种"多劳多得"的机制可以激发员工的工作积极性，促使员工更努力地工作，但企业需要加强管理，以避免出现恶性竞争的情况。

从禁售条件来看，股票市价条件、年限条件、业绩条件等都可以作为限制股东出售股权的条件。根据《上市公司股权激励管理办法》的规定，限制性股票自授予日起，禁售期不得少于 1 年。这一规定可以避免股东在获得股权后随意抛售，有助于增强股东的稳定性。

通过与股东提前约定获得条件和出售条件，企业可以从源头上规定股东的业绩目标和在职年限，既避免了股东不劳而获，也避免了股东轻易提出离职。如果股东离职，企业可以根据其业绩目标完成度和工作时间回购其股权，从而避免了股东离职后因股权问题与企业产生纠纷。

（2）分期支付股权。

不同的经营模式对应不同的股权分期方式，常见的经营模式有以下四种。

①分工协作经营模式。分工协作经营模式是指企业在经营过程中尽可能与大企业合作，避免在业务上与大企业直接竞争，而是成为大企业的合作伙伴。

②特许权经营模式。特许权经营模式是连锁经营的一种常见形式，是指企业将自己的商标、产品、专利技术授权给第三方，按照合同规定收取费用，同时确保对方在统一业务模式下运营。

③利基经营模式。利基经营模式是指企业选择一个特殊的利基市场，重点经营某一种产品或服务，以创造独特的竞争优势，满足消费者多样化的需求。

④虚拟经营模式。虚拟经营模式是知识型经济的产物，在这种经营模式下，企业只保留核心功能和高增值的部分，如生产、营销、财务等，而将其他低增值的功能虚拟化，以最大限度地利用资源。

这几种经营模式对应的市场定位、运营方式和经营理念都不相同，企业可以根据实际情况来选择合适的经营模式和股权分期方式。常见的股权分期方式有以下四种。

①分期 4 年，每年兑现 1/4 的股权。

②股东必须工作满两年，两年之后股权兑现 50%，第三年、第四年分别兑现 25%。

③根据股东工作的年限逐年增加，即第一年 10%、第二年 20%，以此类推。

④股东工作满一年后，股权兑现 1/4，剩下的股权每个月兑现 1/48。

这四种方式均要求股东至少工作满一年，工龄越长，股东获得的股权越多。这种设计增强了股东与企业的黏性。在股东离职后，企业可根据其工作年限计算回购价格，避免产生纠纷。

（3）确定具体的退出价格。

在和股东约定退出机制时，具体的退出价格是一个值得探讨的问题。股权的价值会随着企业的发展而变化，例如，股东购买股票时的股价是 1 元 / 股，但企业发展几年后，股价可能变为 2 元 / 股。因此，在确定具体的退出价格时，企业应考虑两个关键因素：一是退出价格的基数，二是溢价或折价的倍数。

通过提前与股东明确具体的退出价格，企业可以确保在股东退出时有明确的依据。这样的回购价格是经过双方认可的方式计算得出的，从而避免了企业和股东之间在回购价格上产生冲突。

2. 第二种情况：中途退出

在企业经营过程中，由于企业经营不善或股东个人资金周转等问题，股东可能会要求中途退股。《公司法》第五十三条第一款规定："公司成立后，股东不得抽逃出资。"因此，股权不能直接退回，只能通过转让的方式进行处理。常见的中途退股方式有以下两种。

（1）某股东退股，由其他股东接收其股份。

在这种情况下，不需要对企业资产进行全面清算。企业只需根据现有净资产的情况，对转让所得与损失进行相应的处理。

（2）股东决议，不继续经营企业。

在这种情况下，需要对企业资产进行清算，并请中介机构出具清算报告。此外，还需清理债权债务、缴纳相关税费、妥善处理员工的劳动关系和社保、编制清算财务报表等。如果清算后有剩余资产，则按照持股比例分配给股东。

一般而言，在以下三种情况下，股东可以中途退出。

（1）股权转让。

股东可以通过股权转让的方式中途退出。股权转让方式有两种：一是股东之间转让，二是向股东以外的人转让。

①股东之间转让。《公司法》第八十四条第一款规定："有限责任公司的股东之间可以相互转让其全部或者部分股权。"这种转让方式是股东内部的个人行为，不需要征求其他股东同意。

《公司法》第八十四条第三款规定："公司章程对股权转让另有规定的，从其规定。"一些企业为了避免内部产生控股权之争，往往会在章程中作出相关规定，限制股东内部转让股权的行为。

②向股东以外的人转让。《公司法》第八十四条第二款规定："股东向股东以外的人转让股权的，应当将股权转让的数量、价格、支付方式和期限等事项书面通知其他股东，其他股东在同等条件下有优先购买权。股东自接到书面通知之日起三十日内未答复的，视为放弃优先购买权。两个以上股东行使优先购买权的，协商确定各自的购买比例；协商不成的，按照转让时各自的出资比例行使优先购买权。"

（2）申请退股的法定情形出现。

《公司法》第八十九条规定了股东在以下三种法定情形下可以退股。

①企业连续五年不向股东分配利润，而该企业五年连续盈利，并且符合本法规定的分配利润条件。

②企业合并、分立、转让主要财产。

③章程规定的营业期限届满或者章程规定的其他解散事由出现，股东会通过决议修改章程使企业存续。

自股东会决议作出之日起六十日内，股东与企业不能达成股权收购协议的，股东可以自股东会决议作出之日起九十日内向人民法院提起诉讼。

企业控股股东滥用股东权利，严重损害企业或者其他股东利益的，其他股东有权请求企业按照合理的价格收购其股权。

在企业还能存续的情况下，股东不能轻易提出退股，相关法律也不会予以支持。

（3）企业解散。

企业解散有以下两种情况。

①根据企业章程规定或股东会议决议而解散。

《公司法》第二百二十九条规定："公司因下列原因解散：

（一）公司章程规定的营业期限届满或者公司章程规定的其他解散事由出现；

（二）股东会决议解散；

（三）因公司合并或者分立需要解散；

（四）依法被吊销营业执照、责令关闭或者被撤销；

（五）人民法院依照本法第二百三十一条的规定予以解散。

公司出现前款规定的解散事由，应当在十日内将解散事由通过国家企业信用信息公示系统予以公示。"

由此，股东会决议解散企业实际上是股东通过这种方式取得了依法退股的资格，在企业清算完各项费用、职工工资及债务后，剩余所得可以由股东按比例进行分配。

②特殊情况下股东可申请人民法院强制解散企业。

《公司法》第二百三十一条规定："公司经营管理发生严重困难，继续存续会使股东利益受到重大损失，通过其他途径不能解决的，持有公司百分之十以上表决权的股东，可以请求人民法院解散公司。"

如果企业最后没有解散，申请解散的股东可以将自己的股权转让给其他股东或第三人，以这种方式退掉自己的股权。

3. 第三种情况：被解雇后退出。

在不同的发展阶段，企业需要不同的人才。然而很多企业在经营过程中会面临一个问题：如何处理那些已不适合企业发展或因重大过失影响企业经营的老员工，尤其是那些担任管理职务和拥有股份的员工。这一问题得不到及时解决，将严重阻碍企业的正常运营和长远发展。

例如，梁某持有某连锁电器企业 5% 的股权，并担任一家分店的经理。工作一年后，他开始兼职从事保险销售工作。一年内，他与下属员工签订了 6 份保险合同。

后来，该连锁电器企业总部收到举报，称梁某滥用职权向员工推销保险。企业以梁某滥用职权向下属员工销售保险，严重违反企业规章制度和劳动合同为由，解除了梁某的劳动合同，并以其损害了企业其他股东利益为由，单方面通知梁某开除其股东资格，其原有股权由其他股东作价购买。

梁某认为自己兼职售卖保险未给企业带来损失，因此不接受企业的处理决定。他向劳动争议仲裁委员会提出申诉，获得了 18 万元经济补偿金的赔偿。但双方对这一结果均不满意，于是向当地人民法院提起诉讼。

法院经审查后认为，该连锁电器企业对高级管理人员兼职有明确规定且已公示，因此应对梁某进行约束。

《中华人民共和国劳动合同法》第三十九条规定："劳动者有下列情形之一的，用人单位可以解除劳动合同：

（一）在试用期间被证明不符合录用条件的；

（二）严重违反用人单位的规章制度的；

（三）严重失职，营私舞弊，给用人单位造成重大损害的；

（四）劳动者同时与其他用人单位建立劳动关系，对完成本单位的工作任务造成严重影响，或者经用人单位提出，拒不改正的；

（五）因本法第二十六条第一款第一项规定的情形致使劳动合同无效的；

（六）被依法追究刑事责任的。"

梁某确实违反了劳动合同，该连锁电器企业解除其职务并无不当，而且无须向其支付经济补偿金。《公司法》第四条规定："有限责任公司的股东以其认缴的出资额为限对公司承担责任；股份有限公司的股东以其认购的股份为限对公司承担责任。公司股东对公司依法享有资产收益、参与重大决策和选择管理者等权利。"因此，企业不能随意开除任何股东。

最终，法院判决该连锁电器企业可以与梁某解除劳动合同且不需要支付赔偿金，但关于撤销其股东身份的决定，企业需要撤回。也就是说，即使不担任职务，梁某仍然是该企业的股东，依法享有决策权、利润分配权、优先认股权和剩余资产分配权。这意味着梁某仍可参与年底分红，并拥有在股东大会上为企业重大事项提出建议、进行表决等权利。

梁某的身份对于该企业其他股东来说不公平，《公司法》第六十六条第二款、第三款规定："股东会作出决议，应当经代表过半数表决权的股东通过。

股东会作出修改公司章程、增加或者减少注册资本的决议，以及公司合并、分立、解散或者变更公司形式的决议，应当经代表三分之二以上表决权的股东通过。"

这意味着，针对股东需要表决的重大事项，如果梁某不同意，创始人在进行决策时可能受到钳制，不利于企业的进一步发展。

为避免上述问题，企业应采取相应的防范措施。例如，在章程中加入除名条款，明确解雇股东的条件、流程及股权处理方法。在实际解雇股东过程中，可寻求法律专业人士的帮助。有了章程作为理论依据和法律专业人士的支持，解雇股东的过程将更为顺利。

即使股东因被解雇而退出企业，企业仍应依法为其分配应得的股权和利益。当企业出现解雇股东的情况时，股权架构需重组，股权需重新分配。因此，企业在解雇股东后还需重新确认和评估资产与负债。

尽管解雇股东会对企业产生一定影响，但从长远角度来看，清除对企业产生不利影响的股东有助于确保其他股东的利益和企业的长远发展。

9.4.2　退出时，把权、责、利明确好

股东加入与退出关乎企业发展是否稳定。在股东退出企业时，企业需要将其权利、责任和利益明确划分。如果这三个方面划分不明确，则容易导致股东之间发生冲突，损害企业的整体利益。

那么，企业怎样制定退出机制才能尽可能地避免股东退出时发生矛盾呢？有以下几个方法。

1. 建立股东准许退出机制

（1）规定当某一大股东把持企业，导致其他股东的正常权益受限时，其他股东可申请退出企业，退出之前必须清算其权益。

（2）规定当某一股东和其他股东发生不可调和的矛盾，无法继续经营企业时，该股东可以申请退出企业，股权由其他股东收购。

（3）规定当企业连续两个财务年度利润收益不达标时，任何拥有 10% 以上股权的股东都可以提出企业解散，企业需要依法进行清算。

2. 建立限制股东退出机制

（1）当企业不能清偿其债务时，退股股东也要承担部分清偿责任。

（2）收购企业的价格不能超过企业的净资产，以免损害债权人的利益。

（3）股东退出应当告知企业的债权人，若债权人不同意股东退出，企业需要清偿债权人的债务，然后再进行退股工作。

企业想要没有争议地解决股东在合约期内退出的问题，就要制定双向的约束。企业要秉持着公平合理的态度，在股东可以申请退出的情况下承认其对企业贡献，用合理的价格回购其股权。但股东也不能利用退股的方法，逃避自己应承担的责任与应履行的义务。

9.4.3 制定相应的惩罚机制

股东退出企业不仅涉及个人利益，还关系到其他股东和企业的利益。无论股东采用怎样的方式退出企业，都会对其他股东和企业产生影响。为了维护其他股东和企业的合法权益，约束股东的退股行为，企业可以制定相应的惩罚机制。

如果事先没有制定相应的退出惩罚机制，就意味着股东可以随意退出企业。因为即使他们退出了企业，也不会有什么损失。在现实生活中，很多企业的股东之间是亲戚或朋友的关系。在企业成立之初，他们觉得彼此之间很亲近，因此往往忽视了设定退出惩罚机制。

然而，随着时间的推移和企业的发展，一些股东频繁出现问题，严重影响企业的发展。直到此时，很多人才意识到，当初没有制定退出惩罚机制是一个错误的决定。

为了避免股东随意中途退出给企业带来不利影响，在与股东签订入股合同时，企业可以制定一些惩罚机制，以约束股东的行为。以下是一些常见的方法。

1. 股权分期成熟

在分配股权时，企业可以规定股权分期成熟，股东的股权按照工作年限逐年增加。如果股东在未满年限时离开，企业可以按照其具体工作年限计算其已经成熟的股权，并以双方之前约定的价格回购其股权。

2. 降低分红比例

股东享有企业经营所得的分红权，如果企业经营状况良好，股东的分红所得将相当可观。为了对股东的退出行为进行约束，企业可以考虑降低退出者的分红比例。如果一家企业经营状况良好，那么这会极大地损害股东的经济利益。在经济利益的驱使下，降低分红比例可以对股东的退出行为起到一定的约束作用。

3. 按原股价回购

股东退出企业时，可以带走其所持有的股权。为了防止外部势力介入，其他股东可以通过股权回购的方式收回退出者的股权。

为了约束股东的退出行为，全体股东可以在合同中规定按原价回购退出者的股权。随着企业经营时间的增加，这一规定对退出者利益的影响将显著增加。

4. 违反规定须赔偿高额违约金

常见的退出惩罚机制是设置高额的违约赔偿金。赔偿金的数额越大，对股东的约束力越强。但要注意，违约金不能过高，否则对小股东不公平。合适的价格是略高于股东退出给企业带来的损失，这样既能保护其他股东的权益，又能让退出股东在可接受范围内有所损失。

需要注意的是，惩罚机制应当适用于所有股东，而不仅仅是部分股东，否则就失去了公平性，不能起到约束股东的作用。

总的来说，在企业未出现问题的情况下，股东不能在合约未到期时申请退股，只能合法转让或向企业申请回购其股权。这是对其他股东利益的一种保护。

当企业经营不善、出现法定退股情形时，股东有权申请退股，甚至可以向法院提起诉讼。这是对股东个人权益的一种保护。在企业清算结束后，股东需要对债务承担相应的责任，这样可以避免股东逃避债务、不履行义务。

制定股东退出惩罚机制是对企业和股东的双向约束，既能防止大股东剥削小股东，也能确保企业的正常运营不受股东退出的影响。

9.4.4 增资扩股，吸引更多资本

新投资者加入和原有股东追加投资都属于增资扩股，企业的注册资本都会发生变化。通过增资扩股，企业能够获得更多的资源，同时有效补充可流动资金，提升自身经营实力。

但是增资扩股会导致原有股东持有的股权被稀释，对此，企业需要重新设计股权架构。那么如何分配原有投资者的股权，才能让新加入的投资者和原有股东保持平衡？

股东稀释后股权 = （原股权比例 × 注册资本 + 投资者本次注资）/ 新的注册资本

例如，A、B、C 三人共同成立一家企业，注册资本为 300 万元，A、B、C 三人各出资 100 万。一年后，企业需要扩大经营规模，需要 A、B、C 三人增资，使注册资本变为 1000 万元。A、B 愿意追加投资，但 C 不愿意追加投资。

在这种情况下，就需要重新计算三个人各自所占的股权比例。A 和 B 继续追加投资，因此所占的股权比例增加，而 C 不再继续投资，那么其股权就会被稀释，股权比例减少。

在上述案例中，企业可以召开股东会就增资事宜进行约定，如 C 仍不愿意追加投资，应视为 C 放弃增资优先权，A、B 愿意增资，则 A、B 可根据原先的出资比例，按 1：1 进行增资，即 A、B 双方各增资 350 万元。

增资后，企业注册资本变更为 1000 万元，其中 A 出资 450 万元，B 出资 450 万元，C 出资 100 万元，重新计算后得出：A 占股 45%，B 占股 45%，C 占股 10%。

10

第 10 章

IPO：通过上市提升企业竞争力

IPO（Inital Public Offering，首次公开募股）是一种重要的资本运作方式，能够使企业获得大量资金，提高自身竞争力，实现跨越式发展。但是上市有利有弊，企业在获得发展机会的同时也会面临巨大的风险。因此，企业需要进行规划，做好相关准备，在把握上市机遇的同时规避相关风险。

10.1 上市方案核心内容

在制定上市方案时，企业应该关注三个方面的内容，分别是上市时机、上市地点和上市市场。通过明确这些内容，企业能够更加顺利地上市，为未来发展奠定基础。

10.1.1 内容一：上市时机

企业应当慎重选择上市时机，企业在明朗的行业发展背景下上市，能够有效提高市场认可度，吸引更多投资者关注。当外部环境不好时，企业需要慎重考虑上市这一问题，以免因上市时机不当而阻碍自身长远发展。总的来说，企业应该根据内外部情况合理选择上市时机。

1. 内部情况

当前企业的资金情况、在获得资金后能否立即投入生产，都是企业选择上市时机时需要考虑的重要因素。实现招股说明书中的盈利承诺，会大幅提升企业形象，增强投资者对企业的信心。许多企业没有将筹集到的资金用于项目发展，或者在上市后出现"业绩变脸"的情况，都会对企业的股价产生影响，也会打击投资者的积极性，从而增大企业再融资的难度。

企业上市后的行为将备受关注，清晰的战略规划、合理的运作机制等都能为企业发展提供有力支撑，企业也能更自如地面对上市后的挑战。如果没有做好上市准备，或者没有制定长远发展规划，企业可能无法快速应对突发事件，导致企业的整体利益受到损害。

2. 外部情况

市场经济运行情况会对投资者的投资信心产生直接影响。宏观经济状况良好会增强投资者的投资信心，此时上市，企业可以募集到大量的资金。同时，股市的表现也值得重视。如果市场上同类企业的股票表现优异，无疑会提高本企业的股票价格，反之则会使本企业的股票价格降低。在确定上市时机时，企业要避免与同类股票同时发行。数据显示，在两次大牛市期间上市的企业都取得了不错的发行业绩。

如果企业选择在境外间接上市，最好在熊市的中晚期进入市场。因为此时股市萎靡，造壳、买壳的成本相对较低，在装壳时，注入同等价值的净资产有机会获得更多的股份。

除此之外，许多行业都有生命周期，当企业所在行业处于衰退期时，即使企业能成功发行上市，也无法募集过多的资金。当企业所处行业处于成长期或繁荣期时，企业更容易获得投资者的支持，获得较高的市盈率。

总而言之，企业应该时刻保持市场敏感度，及时捕捉市场变化，做好上市准备和后续规划，在最合适的时机上市，从而实现利益最大化。

10.1.2　内容二：上市地点

在选择上市地点时，企业应当考虑资本市场的特点和自身发展需求。合适的上市地点能够帮助企业更好地利用资本市场资源，推动企业快速发展。

上市地点主要有两个。一是境内上市，即在上海证券交易所或深圳证券交易所上市；二是境外上市，即在香港证券交易所、纽约证券交易所、纳斯达克证券交易所或新加坡证券交易所等境外证券交易所直接上市。

1. 境内上市

境内上市企业的市盈率大多为 30～40 倍，发行市盈率长期高于其他市场交易的同行业股票市盈率。可以说，能让上市企业发行同样的股份融到更多的钱是境内上市的核心优势。

我国两大境内证券交易所分别为上海证券交易所和深圳证券交易所。两大证券交易所自成立以来，不断改进股票市场的交易运作模式，逐步实现电脑化、网络化及股票的无纸化操作。当前，两大证券交易所的主要证券品种有股票、国债、企业债券、权证、基金等。

两大证券交易所的组成方式为会员制，业务范围包括五项，分别为组织并管理上市证券、提供证券集中交易的场所、办理上市证券的清算与交割、提供上市证券市场信息、办理中国人民银行许可或委托的其他业务等。

"完善证券交易制度，加强证券市场权利，促进中国证券市场的发展与繁荣，维护国家、企业和社会公众的合法权益"是两大证券交易所的业务宗旨。

2. 直接境外上市

直接境外上市是指境内企业以境内股份有限公司的名义向境外证券主管部门申请登记注册、发行股票，并向当地证券交易所申请挂牌上市交易。H 股、N 股、S 股分别指境内企业在香港证券交易所、纽约证券交易所、新加坡证券交易所上市后发行的股票。

香港的英文首字母为"H",香港证券交易所的股票因此得名 H 股。H 股为实物股票,采用"T+0"交割制度,涨跌幅无限制。香港不仅拥有活跃的二级市场,香港的投资者对内地企业也有着非常高的认知度。

N 股取纽约的英文单词"New York"的第一个字母"N"作为名称,指的是注册在我国境内,但上市在美国纽约证券交易所的外资股。在经济一体化、金融全球化的影响下,很多企业选择到美国上市,A+N、A+H 等多地上市的现象不再罕见。当然,这种情况的前提是企业已经发展到一定规模,可以进行有效的投资者关系管理。

S 股是指注册在我国境内,但是在新加坡证券交易所上市的外资股。在新加坡上市的企业大多是制造、交通、基建、通信、商业贸易、房地产等领域的企业,如亚洲创建、化纤科技、亚洲电力等。

上市对企业的意义重大,到底选择在哪一个市场上市需要企业慎重考虑,上市地点的选择应当由企业的具体情况决定。

10.1.3 内容三:上市市场

企业在选择上市市场时需要深思熟虑,因为上市市场不仅关系到企业的短期融资,还关系到企业的长久发展。上市市场指企业上市后股票发行和流通的场所,主要分为主板、中小板、创业板三大类。

主板也叫一板,主要指传统意义上的股票市场,是企业股票发行和流通的主要场所。主板对企业的营业期限、股本大小、盈利水平、最低市值等方面的要求非常高,上市企业多为大型蓝筹、行业龙头、骨干型企业,如贵州茅台、云南白药、招商银行、青岛海尔、中国平安等。

中小板是流通盘在 1 亿元以下的创业板块,是主板市场的重要组成部分。其上市条件与主板市场相同，但相对主板市场而言，发行规模较小、成长速度较快，且上市后的要求更为严格。中小板市场是创业板的一种过渡，在资本架构上从属于一板市场。

创业板也叫二板市场，即第二股票交易市场。作为主板的补充，创业板针对那些短时间内无法在主板市场上市的创业公司设置，为其提供融资渠道，有效补充了主板市场的空缺。与主板市场相比，创业板对企业成立时间、资本规模、中长期业绩等方面的要求比较宽松。

国内主板、中小板和创业板对企业上市各方面的要求不同。表 10-1 和表 10-2 分别为深圳证券交易所披露的主板（中小企业板）和创业板上市条件。

表 10-1　主板（中小企业板）上市条件

主体资格	1. 合法存续的股份有限公司 2. 自股份公司成立后，持续经营时间在 3 年以上，但经国务院批准的除外 3. 最近 3 年内主营业务和董事、高级管理人员没有发生重大变化，实际控制人没有发生变更
独立性	1. 具有完整的业务体系和直接面向市场独立经营的能力 2. 发行人完整披露关联方关系并按重要性原则恰当披露关联交易 3. 不存在涉及主要资产、核心技术、商标等的重大权属纠纷，重大偿债风险，重大担保、诉讼、仲裁等或有事项，经营环境已经或者将要发生重大变化等对持续经营有重大不利影响的事项
企业治理	1. 依法建立健全股东大会、董事会、监事会、独立董事、董事会秘书制度，相关机构和人员能够依法履行职责 2. 内部控制制度健全且被有效执行 3. 企业章程明确对外担保的审批权限和审议程序，不存在为控股股东、实际控制人及其控制的其他企业进行违规担保的情形 4. 有严格的资金管理制度，不得有资金被控股股东、实际控制人及其控制的其他企业以借款、代偿债务、代垫款项或者其他方式占用的情形
相关主体合规性	1. 发行人及董事、监事和高级管理人员最近 36 个月内无重大违法违规行为，或严重损害投资者合法权益和社会公共利益的其他情形，或者最近 12 个月内没有受到证券交易所公开谴责 2. 发行人生产经营符合法律、行政法规的规定，符合国家产业政策

财务指标	1. 最近 3 个会计年度净利润均为正数且净利润累计超过 3000 万元，净利润以扣除非经常性损益前后较低者为计算依据 2. 最近 3 个会计年度经营活动产生的现金流量净额累计超过 5000 万元；或最近 3 个会计年度营业收入累计超过 3 亿元 3. 发行前股本总额不少于 3000 万元；最近一期末无形资产占净资产的比例不高于 20%；最近一期末不存在未弥补亏损 4. 内部控制在所有重大方面有效，会计基础工作规范，财务会计报告无虚假记载 5. 不存在影响发行人持续盈利能力的情形
股本及发行比例	发行后总股本 <4 亿股，公开发行比例须≥25%；发行后总股本 >4 亿股，公开发行比例须≥10% 注：如企业存在 H 股流通股，则公开发行比例以 H 股、A 股流通股合计值为计算依据

表 10-2　创业板上市条件

主体资格	1. 发行人是依法设立且持续经营三年以上的股份有限公司，具备健全且运行良好的组织机构，相关机构和人员能依法履行职责 2. 有限责任公司按原账面净资产值折股整体变更为股份有限公司的，持续经营时间可以从有限责任公司成立之日起计算
独立性	1. 主营业务、控制权和管理团队稳定，最近 2 年内主营业务和董事、高级管理人员均没有发生重大不利变化；控股股东和受控股股东、实际控制人支配的股东所持发行人的股份权属清晰，最近 2 年实际控制人没有发生变更，不存在导致控制权可能变更的重大权属纠纷 2. 发行人业务完整，具有直接面向市场独立持续经营的能力，资产完整，业务及人员、财务、机构独立，与控股股东、实际控制人及其控制的其他企业间不存在对发行人构成重大不利影响的同业竞争，不存在严重影响独立性或者显失公平的关联交易 3. 不存在涉及主要资产、核心技术、商标等的重大权属纠纷，重大偿债风险，重大担保、诉讼、仲裁等或有事项，经营环境已经或者将要发生重大变化等对持续经营有重大不利影响的事项
企业治理	1. 发行人会计基础工作规范，财务报表的编制和披露符合企业会计准则和相关信息披露规则的规定，在所有重大方面公允地反映了发行人的财务情况、经营成果和现金流量，最近 3 年财务会计报告由注册会计师出具无保留意见的审计报告 2. 发行人内部控制制度健全且被有效执行，能合理保证企业运行效率、合法合规和财务报告的可靠性，并由注册会计师出具无保留结论的内部控制鉴证报告

相关主体 合规性	1. 发行人生产经营符合法律、行政法规的规定，符合国家产业政策。最近 3 年内，发行人及其控股股东、实际控制人不存在贪污、贿赂、侵占财产、挪用财产或者破坏社会主义市场经济秩序的刑事犯罪，不存在欺诈发行、重大信息披露违法或者其他涉及国家安全、公共安全、生态安全、生产安全、公众健康安全等领域的重大违法行为 2. 董事、监事和高级管理人员不存在最近 3 年内受到中国证监会行政处罚，或者因涉嫌犯罪正在被司法机关立案侦查或者涉嫌违法违规正在被中国证监会立案调查且尚未有明确结论意见等情形
财务指标	1. 发行人为境内企业且不存在表决权差异安排的，市值及财务指标应当至少符合下列标准中的一项：（一）最近 2 年净利润均为正，且累计净利润不低于 5000 万元；（二）预计市值不低于 10 亿元，最近 1 年净利润为正且营业收入不低于 1 亿元；（三）预计市值不低于 50 亿元，且最近 1 年营业收入不低于 3 亿元 2. 红筹架构、存在表决权差异企业，市值及财务指标应当至少符合下列标准中的一项：（一）预计市值不低于 100 亿元，且最近 1 年净利润为正；（二）预计市值不低于 50 亿元，最近 1 年净利润为正且营业收入不低于 5 亿元
股本及发 行比例	1. 发行后股本总额不低于 3000 万 2. 公开发行比例须≥25%；发行后总股本 >4 亿股，公开发行比例须≥10%

总之，企业可以根据自身实际情况和需求，选择合适的上市市场。如果企业当前的规模已经满足上市条件，就可以着手上市，以提升自身的竞争力，获取更多收益。

10.2　如何安全地完成上市

企业上市需要经历五个阶段，分别是准备期、辅导期、申报期、路演期和公告期。在每个阶段，企业都需要进行周密的筹划和严谨的操作，确保每一步都符合要求，以实现成功上市的目标。

10.2.1 准备期：从成立小组到登记注册

企业在准备上市期间需要进行五个方面的工作，分别是成立上市工作小组、确定中介机构并开展尽职调查、制定上市工作方案、召开相关会议、提交登记注册申请。

1. 成立上市工作小组

成立上市工作小组是企业上市的前提之一，小组成员来自企业内部和外部中介机构。

企业内部的小组成员包括决策者、总协调人和财务负责人。决策者通常是企业的实际控制者，拥有决策权；总协调人一般由经验丰富的董事长秘书担任，负责整个上市流程的协调工作；财务负责人则在上市过程中负责财务管理方面的工作。

外部中介机构包括作为保荐人和主承销商的证券公司、会计师事务所和律师事务所。这些中介机构在企业上市过程中扮演着重要的角色，负责为企业提供专业意见和指导，以确保企业顺利完成上市流程。

上市所涉及的工作十分复杂且周期较长，因此，企业一定要选择经验丰富、可靠的中介机构，以有序推进上市工作。

2. 确定中介机构并开展尽职调查

成立上市工作小组后，企业需要选择合适的中介机构进行尽职调查。在选择中介机构时，企业应遵循以下五个原则，具体如图 10-1 所示。

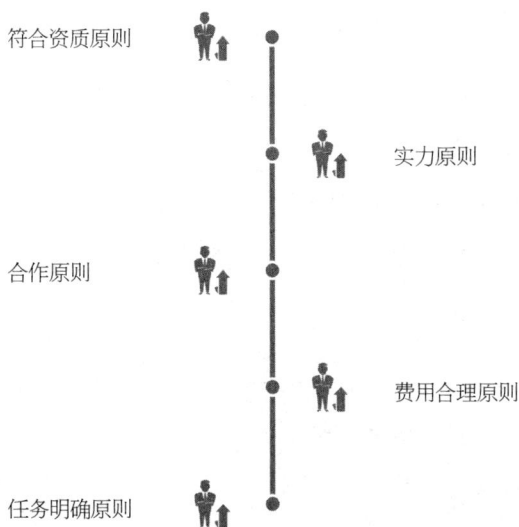

图 10-1　企业选择中介机构应遵循的五个原则

（1）符合资质原则。根据相关规定，中介机构只有具备相应的资质才能开展业务。以证券公司为例，只有具有保荐资格的证券公司才能提交证券发行上市推荐文件。因此，企业在选择中介机构时，应该认真审核其营业执照、从业资格等，评估其是否具备辅导企业上市的能力。

（2）实力原则。企业应该选择有实力的中介机构。中介机构的实力主要表现在工作成果、服务质量等方面。在选择中介机构之前，企业应提前了解这些方面，以规避实力较差的中介机构。同时，中介机构的声誉越好，整体实力通常就越强。

（3）合作原则。企业与中介机构需要通力合作，共同完成上市工作。保荐机构、律师与会计师之间尤其需要通力合作。企业应该选择具有合作精神的中介机构，共同为上市努力。

（4）费用合理原则。上市需要耗费很高的成本且有失败的风险，因此，企业应该控制上市成本，选择费用合理的中介机构。企业可以了解业内平均水平，并与中介机构协商确定最终费用。在了解市场行情时，企业应该结合自身情况。

例如，规模较大、结构复杂的企业，需要支付的费用往往更多。

（5）任务明确原则。在确定中介机构时，企业应明确其工作内容、工作时间等重要信息。在项目初期阶段，中介机构可能会采取主动打折、提高工作标准、扩大工作范围等方法吸引企业。但随着项目的发展，中介机构可能会提出许多条件，使企业处于被动地位。因此，在与中介机构谈判时，企业应进一步明确相关要求，并以合同形式确认细节。

确定中介机构后，企业便可以进行尽职调查。尽职调查指的是中介机构在企业上市前，依照公开的职业标准、职业道德等，从法律、财务等方面入手对企业进行现场调查和资料审查。

尽职调查有助于企业全面了解自身情况，帮助企业发现问题、查缺补漏，为上市做好充分的准备。同时，中介机构可以通过尽职调查评估项目风险，提高企业的风险防范能力。

在尽职调查过程中，企业需要提供准确、完整的资料。如果企业刻意隐瞒，中介机构将很难发现问题，最终可能导致上市失败。

3. 制定上市工作方案

上市工作方案对企业的未来发展具有指导作用，因此企业需要谨慎对待。在中介机构完成尽职调查后，上市工作小组应与其紧密合作，对调查结果进行深入分析，找出企业存在的问题，并探讨可行的解决方案。在此基础上，企业应制定一套全面、详尽的上市工作方案。

上市工作方案涉及多方面的内容，如对企业经营状况的全面分析、企业改制的目标、股权架构的合理调整，以及在股权架构调整过程中可能遇到的问题和解决方案。工作小组应以审慎的态度，全面了解企业实际情况，为方案的制定提供坚实基础。

此外，为确保尽职调查的完整性与准确性，中介机构需提交详尽的调查提纲。

企业则需按照提纲要求，准备相关的文件和资料，为投资者提供全面、翔实的招股信息。

在制定上市工作方案的过程中，企业还需对自身的业务、资产和人员进行全面梳理，确保各方面均满足上市要求。

总之，上市工作方案是企业顺利上市的关键指导战略，企业必须给予足够的重视，确保方案的合理性与可行性。

4. 召开相关会议

有限责任公司是主流的企业形式，如果企业想上市并发行股票，必须改制为股份有限公司。

在企业的组织架构中，董事会和监事会是不可或缺的组成部分。董事会主要负责对企业的重大事项作出决策，包括制订经营计划、制定投资方案、任免高层人员、制定企业管理制度、召开董事会会议等。监事会主要负责对企业的日常经营与会计事务进行监督，成员一般通过竞选与投票产生，保证公平、公正、公开。

《公司法》第一百零三条规定："募集设立股份有限公司的发起人应当自公司设立时应发行股份的股款缴足之日起三十日内召开公司成立大会。发起人应当在成立大会召开十五日前将会议日期通知各认股人或者予以公告。成立大会应当有持有表决权过半数的认股人出席，方可举行。

以发起设立方式设立股份有限公司成立大会的召开和表决程序由公司章程或者发起人协议规定。"

《公司法》第一百零四条规定："公司成立大会行使下列职权：

（一）审议发起人关于公司筹办情况的报告；

（二）通过公司章程；

（三）选举董事、监事；

（四）对公司的设立费用进行审核；

（五）对发起人非货币财产出资的作价进行审核；

（六）发生不可抗力或者经营条件发生重大变化直接影响公司设立的，可以作出不设立公司的决议。

成立大会对前款所列事项作出决议，应当经出席会议的认股人所持表决权过半数通过。"

在成立大会上，董事会和监事会的成员将通过选举产生。随后，创始人将组织召开股份有限公司的第一届董事会会议和第一届监事会会议，并在会上选举出董事长、董事会秘书、监事会主席、总经理等高级管理人员。

规划并组织召开相关会议至关重要，能为企业上市奠定坚实的基础。

5. 提交登记注册申请

《公司法》第一百零六条规定："董事会应当授权代表，于公司成立大会结束后三十日内向公司登记机关申请设立登记。"

在收到企业的登记注册申请文件后，相关部门会严格审核文件内容，确保其符合相关规定。如果申请文件符合要求，企业将被登记，并获得下发的营业执照，正式进入运营阶段。如果文件不符合规定，相关部门将不会予以登记，企业需要重新提交符合规定的申请文件。

10.2.2　辅导期：根据规定做上市辅导

辅导期指的是企业在上市之前，需要根据相关的法律法规和监管要求接受专业机构的辅导，确保自身达到上市的标准，为成功上市奠定基础。

按照中国证监会的有关规定，拟上市企业在向中国证监会提出上市申请前，均须由具有主承销资格的证券公司进行辅导，辅导期限至少为三个月。

在上市辅导过程中，辅导机构会在尽职调查的基础上根据上市相关法律法规确定辅导内容。辅导内容主要包括以下几个方面。

（1）核查股份有限公司的合法性与有效性。

（2）核查股份有限公司人事、财务、资产及供产销系统独立完整性。

（3）组织企业董事、监事、高级管理人员及持有 5% 以上（包括 5%）股份的股东进行上市规范运作和其他证券基础知识的学习、培训和考试，督促其增强法治观念和诚信意识。

（4）监督建立健全企业的组织机构、财务会计制度、企业决策制度和内部控制制度及符合上市要求的信息披露制度，实现有效运作。

（5）规范股份有限公司和控股股东及其他关联方的关系。

（6）帮助拟上市企业制订业务发展目标和未来发展计划，制定有效、可行的募股资金投向及其他投资项目规划。

（7）帮助拟上市企业开展首次公开发行股票的相关工作。

拟上市企业接受上市辅导的一般程序主要有 9 个步骤，分别是聘请辅导机构、辅导机构提前入场、签署辅导协议、报送辅导工作备案报告、整改现存问题、公告准备上市事宜、辅导书面考试、提交辅导评估申请和辅导工作结束。

拟上市企业在选择辅导机构时，要综合考察其独立性、资信状况、专业资格、市场推广能力、具体承办人员的业务水平等因素。《证券经营机构股票承销业务管理办法》第十五条规定："证券经营机构持有企业 7% 以上的股份，或是其前五名股东之一，不得成为该企业的主承销商或副主承销商。"一般情况下，保荐机构为拟上市企业的主承销商，辅导机构可以与保荐机构合二为一，也可以另行聘请。

在辅导期结束后，如果辅导机构认为拟上市企业已经达到上市标准，需要向证监会派出机构报送辅导工作总结报告和辅导评估申请。如果辅导机构和拟上市企业认为辅导没有达到计划目标，可以向证监会派出机构申请适当延长辅导时间。

证监会派出机构收到辅导机构提交的辅导评估申请后，会在 20 个工作日内对辅导工作进行评估。如果评定为合格，那么证监会派出机构会向证监会提交辅导监管报告，发表对辅导效果的评估意见，这意味着辅导结束。如果证监会派出机构认为辅导工作不合格，会根据实际情况要求延长辅导时间。

需要注意的是，辅导有效期为三年，即辅导期满后三年内，拟上市企业可以向主承销商提出股票发行上市申请；超过三年，则须按法律规定的程序和要求重新聘请辅导机构进行辅导。

10.2.3　申报期：招股说明书制作与刊登

企业在申报期最重要的任务是制作招股说明书并刊登，确保招股说明书的内容真实、完整和准确，符合有关机构的要求。

根据中国证监会发布的《公开发行证券的企业信息披露内容与格式准则第29 号——首次公开发行股票并在创业板上市申请文件》，申请创业板上市需要提交的文件有招股说明书与发行公告、发行人关于本次发行的申请及授权文件、保荐人和证券服务机构文件、会计师关于本次发行的文件、发行人律师关于本次发行的文件、发行人的设立文件、关于本次发行募集资金运用的文件、与财务会计资料相关的其他文件等。

根据中国证监会发行监管部公布的《首次公开发行股票审核工作流程》，IPO 发审工作分为十大流程，具体如表 10-3 所示。

表 10-3 IPO 发审工作流程

流 程	内 容
受理	中国证监会受理部门工作人员依法受理首发申请文件，并按程序转发行监管部。发行监管部综合处收到申请文件后将其分发审核一处、审核二处
见面会	见面会旨在建立发行人与发行监管部的初步沟通机制。会上由发行人简要介绍企业基本情况，发行监管部部门负责人介绍发行审核的程序、标准、理念及纪律要求等
问核	问核机制旨在督促、提醒保荐机构及其保荐代表人做好尽职调查工作，参加人员包括问核项目的审核一处和审核二处的审核人员、两名签字保荐代表人和保荐机构的相关负责人
反馈会	审核一处、审核二处审核人员审阅发行申请人申请文件后，从非财务和财务两个角度撰写审核报告，提交创业板发行部反馈会讨论。反馈会主要讨论初步审核中关注的重点问题，确定需要发行申请人补充披露、解释说明，以及中介机构进一步核查落实的问题
预先披露	反馈意见落实完毕、财务资料在有效期内的将安排预先披露。具备条件的项目由发审委工作处通知保荐机构报送发审会材料和预先披露的招股说明书
初审会	初审会由审核人员汇报发行人的基本情况、初步审核中发现的主要问题及其落实情况。根据初审会讨论情况，审核人员修改、完善初审报告
发审会	发审委制度是发行审核中的专家决策机制。发审会以投票方式对首发申请进行表决，提出审核意见。发审委委员投票表决，采用记名投票方式，会前须撰写工作底稿，会议全程录音
封卷	发行人的首发申请通过发审会审核后，需要进行封卷工作，即将申请文件原件重新归类后存档备查。封卷工作在落实发审委意见后进行
会后事项	会后事项是指发行人首发申请通过发审会审核后，招股说明书刊登前发生的可能影响本次发行及对投资者作出投资决策有重大影响的应予披露的事项
核准发行	封卷并履行内部程序后，将进行核准批文的下发工作

如果中国证监会最终作出核准决定，意味着企业获得了上市资格。反之，申请上市失败，中国证监会将出具书面意见并说明不予核准的理由。上市申请不予核准的企业可以在接到中国证监会书面决定之日起两个月内提出复议申请。中国证监会收到复议申请后两个月内重新作出决定。

10.2.4 路演期：询价与路演必不可少

企业刊登完招股说明书后，将会开展路演询价活动。通过路演，企业能够向投资者展现自身的实力，吸引更多投资者关注与投资。此外，借助路演，企业能够与投资者进行深度对话，为长期合作奠定基础。

一般拟上市企业会与保荐机构共同开启询价与路演活动。企业可以通过询价的方式确定股票的发行价格。

询价包括初步询价和累计投标询价。其中，初步询价指的是企业与保荐机构向投资者推介和发出询价函，并根据投资者反馈报价的上下限确定初步询价区间。

在使用累计投标询价时，如果投资者的有效申购总量大于股票发行量，但超额认购倍数小于 5，以初步询价的下限为发行价；如果超额认购倍数大于 5，则从申购价格最高的有效申购交易开始逐笔向下累计计算，直至超额认购倍数首次超过 5，以此价格为发行价。通过中小板发行股票的企业，通常不需要累计投标询价。

在询价期间，拟上市企业会通过路演活动向社会推广自己的股票。通俗来讲，路演是公开发行股票的企业通过公开的方式向社会推介自己股票的说明会，目的是吸引投资者。路演有三种形式，具体如图 10-2 所示。

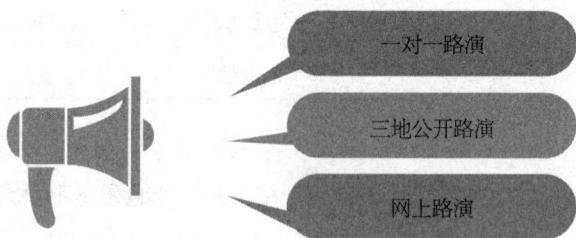

一对一路演

三地公开路演

网上路演

图 10-2 路演的三种形式

1. 一对一路演

顾名思义，一对一路演是指拟上市企业和券商的资本市场部及 IPO 项目组带着招股说明书、投资研究报告、企业宣传片、PPT，以及定制小礼物等到一线城市拜会投资者，与其进行一对一的沟通和推介。

2. 三地公开路演

三地公开路演一般是指拟上市企业在北京、上海、深圳三地公开召开推介会议，邀请基金、券商、资产管理企业、机构投资者等相关人员参加。会议内容与一对一路演相似，没有本质区别，只是参与者更多。

3. 网上路演

网上路演是指拟上市企业的管理层、保荐团队等通过网上平台回答投资者针对企业上市提出的各种问题。在开展网上路演之前，企业股票的首日发行价已经确定，对发行结果和网上认购数量没有多少影响。

10.2.5　公告期：撰写上市公告书并刊登

企业上市的最后一个环节是撰写上市公告书并刊登。上市公告书能够向公众宣告企业成功上市，展现企业实力。

企业上市公告书应包含招股说明书的基本内容和企业的重要资料，如股票获准在证券交易所交易的日期和批准文号、股票发行情况、成立大会或股东会会议同意股票在证券交易所交易的决议、董事等高级管理人员持有企业股票的情况、企业近三年来或成立以来的经营业绩和财务状况、下一年的盈利预测文件等。

在挂牌交易的前三天，企业需要在证监会指定的报刊上发布上市公告书，并将上市公告书备置于企业所在地、挂牌交易的证券交易所、相关证券经营机构及其网点。此举旨在就上市相关事项向社会公众进行说明，帮助投资者作出正确的投资决策。

在撰写上市公告书时，企业需要注意以下三点。

（1）数据可查证、格式规范。企业应引用可靠、有效的数据，并给出权威的数据来源。数据格式应该是阿拉伯数字，货币单位应该是人民币。如果企业使用其他货币进行交易，则需要在上市公告书上进行特别标注。

（2）中外文译本保持一致。除了中文译本的上市公告书，一些企业还需要根据相关规定编制外文译本的上市公告书。在此情况下，企业必须保证中、外文译本内容具有一致性。

（3）语言简洁。上市公告书应该使用描述性语言，而且语言简洁明了、通俗易懂。

在撰写完上市公告书后，企业要核对相关细节，避免出错。

10.2.6　案例解析：纳斯达克上市详解

纳斯达克是一家全球知名的电子证券交易所，为许多企业提供了宝贵的上市机会。其独特的上市标准、灵活的交易机制及深厚的投资者基础，吸引了众多寻求资本扩张和市场认可的企业。

在纳斯达克上市前，企业要注意风险防范和合规性问题。首先，企业必须满足纳斯达克上市规则中关于上市门槛的各项要求，如股票持有者人数、财务状况、流通性、股票价格、证券发行总量等。企业还需要与律师、会计师、投资银行家、证券托管机构、监管机构等加强沟通和合作，确保在上市前已经做好了所有必要的合规工作，以避免出现麻烦。相较于其他上市渠道，纳斯达克的上市费用较高。因此，企业需要提前预估上市成本，并筹备足够的资金。

纳斯达克是全球顶尖的证券交易市场之一，对成长型企业很友好，能够为企业的品牌建设和海外业务拓展提供更多的机会。但在纳斯达克上市并非易事，企业需要花费大量时间和精力进行上市前准备。企业应根据自身的实际情况和发展需求进行综合考量，确定上市的规模和时间，以充分发挥自身的潜力。

下面将以一站式汽车服务平台盛大科技为例，讲述其成功上市的经验，为那些志在纳斯达克上市的企业提供宝贵的参考经验和启示。

2023 年 5 月 18 日，一站式汽车服务平台盛大科技与特殊目的收购企业 Goldenbridge Acquisition Limited 完成合并，并成功在美国纳斯达克挂牌上市 。

相较于传统 JPO 上市，SPAC 上市为盛大科技提供了一个更为快捷和灵活的途径进入国外资本市场。这种方式可以节省时间、降低融资成本，并且能够更早地确定企业的估值范围。这对急需资本的企业来说尤为重要。

盛大科技在纳斯达克上市的案例启示其他企业，要综合评估自身情况与各类上市途径的优劣，挑选最适合自身发展节奏的上市路径，从而加速上市进程。

盛大科技一直致力于寻找合适的上市渠道，以借助资本市场的力量进一步拓展核心业务，创造更多的商业价值。成功登陆纳斯达克，对于盛大科技来说无疑是一个里程碑，推动其迈上了新征程。

10.3　哪些操作容易导致上市失败

企业应当谨慎对待上市，如果操作不当可能会导致上市失败。导致上市失败的操作包括内幕交易、短线交易和敏感期交易等，企业应该吸取教训，避免在上市过程中出现这些问题。

10.3.1　内幕交易

内幕交易指的是获得内幕信息的有关人员在内幕消息尚未公开时，自己买卖证券或者向他人泄露、售卖内幕消息，帮助他人买卖证券的行为。内幕交易会严重损害企业的利益和证券市场的公平性。

随着经济市场的繁荣，内幕交易数量增多，形式也更加复杂，具有更强的隐蔽性和欺骗性。企业应该自发地拒绝这种会损害自身利益和证券市场公平性的行为。那么，什么样的行为会被证监会判定为构成内幕交易呢？

通常情况下，证监会综合考察三个要素，即内幕交易的主体、内幕信息和内幕交易行为。若某种行为同时满足以上三个要素，则极有可能构成内幕交易。

1. 内幕交易的主体

实际上，只有那些知悉内幕的人员，才有机会进行内幕交易。《中华人民共和国证券法》（以下简称《证券法》）第五十条明确规定："禁止证券交易内幕信息的知情人和非法获取内幕信息的人利用内幕信息从事证券交易活动。"

其中，非法获取内幕信息的人并没有特定的范围，凡利用非法手段获取内幕信息的人均包含在内。

知情人即通过职务、亲缘关系等方式获取内幕信息的人。《证券法》第五十一条对知情人的范围作出规定："证券交易内幕信息的知情人包括：

（一）发行人及其董事、监事、高级管理人员；

（二）持有公司百分之五以上股份的股东及其董事、监事、高级管理人员，公司的实际控制人及其董事、监事、高级管理人员；

（三）发行人控股或者实际控制的公司及其董事、监事、高级管理人员；

（四）由于所任公司职务或者因与公司业务往来可以获取公司有关内幕信息的人员；

（五）上市公司收购人或者重大资产交易方及其控股股东、实际控制人、董事、监事和高级管理人员；

（六）因职务、工作可以获取内幕信息的证券交易场所、证券公司、证券登记结算机构、证券服务机构的有关人员；

（七）因职责、工作可以获取内幕信息的证券监督管理机构工作人员；

（八）因法定职责对证券的发行、交易或者对上市公司及其收购、重大资产交易进行管理可以获取内幕信息的有关主管部门、监管机构的工作人员；

（九）国务院证券监督管理机构规定的可以获取内幕信息的其他人员。"

2. 内幕信息

内幕信息是评判内幕交易行为的基础。《证券法》第五十二条明确规定："证券交易活动中，涉及发行人的经营、财务或者对该发行人证券的市场价格有重大影响的尚未公开的信息，为内幕信息。

本法第八十条第二款、第八十一条第二款所列重大事件属于内幕信息。"

由此我们不难发现内幕信息具有两大特性：重大性和非公开性。其中，重大性通常以该信息会对股票价格产生显著影响作为评判标准，该信息公开会导致大盘指数产生显著波动。

3. 内幕交易的行为类型

内幕交易的评判最终以交易行为为落脚点，毕竟在知悉内幕信息后，还需要付诸行动才能构成内幕交易。内幕交易行为主要有自行买卖、建议他人买卖、泄露信息三种类型。

进行内部交易，情节严重者可能会被判刑。例如，王某是某集团资本运作部的副总经理，负责该集团关于某项重大资产重组整体方案的起草、制定、研究等相关工作。王某在聚餐过程中向其好友李某泄露相关内幕信息，并在信息敏感期内与其进行 7 次电话联络与 6 次短信联络。

在聚餐后的第二天，李某向其弟弟账户转入 600 万元，并通过该账户买入

67 万股股票，此后间断地买入与卖出。截至 2022 年 5 月，李某共买入 98 万股，累计成交金额 1402 万元。由于王某与李某在信息敏感期内多次联络，且在联络次日，李某使用大量资金集中购入同一股票。同时，李某提供的购买理由和行情分析，不足以支撑其购买决策，此次交易不具有正当理由。李某此次交易的资金来源、持股集中度等均与往期股票交易有明显不同，买卖情况与和王某联络的节点有所对应。

证监会据此判断此次交易行为有明显异常，认定李某非法获取内幕信息。于是发布行政处罚决定书，责令李某依法处理持有的证券，并处以 30 万元罚款。

2022 年 8 月，法院宣布王某泄露内幕信息的行为构成犯罪，对其判处有期徒刑三年，并处罚金 30 万元。其好友李某的行为构成内幕交易，被判处有期徒刑五年六个月，并处罚金 50 万元。

这个案例告诫我们，在证券市场中进行交易一定要遵纪守法，切不可以身试法，以免身陷囹圄。

10.3.2　短线交易

短期交易也被称为短期交易，是指上市企业的董事、高管、监事、大股东在法定时间内买进再卖出或卖出再买进企业股票，以获取不正当利益的行为。短线交易的交易时间较短，一般以小时、天或者周为交易周期。我国对这种行为有严格的限制，主要包括时间限制和对象限制。

《股票发行与交易管理暂行条例》第三十八条规定："股份有限公司的董事、监事、高级管理人员和持有公司百分之五以上有表决权股份的法人股东，将其所持有的公司股票在买入后六个月内卖出或者在卖出后六个月内买入，由此获得的利润归公司所有。

前款规定适用于持有公司百分之五以上有表决权股份的法人股东的董事、监事和高级管理人员。"

《证券法》第四十四条规定："上市公司、股票在国务院批准的其他全国性证券交易场所交易的公司持有百分之五以上股份的股东、董事、监事、高级管理人员，将其持有的该公司的股票或者其他具有股权性质的证券在买入后六个月内卖出，或者在卖出后六个月内又买入，由此所得收益归该公司所有，公司董事会应当收回其所得收益。但是，证券公司因购入包销售后剩余股票而持有百分之五以上股份，以及有国务院证券监督管理机构规定的其他情形的除外。

前款所称董事、监事、高级管理人员、自然人股东持有的股票或者其他具有股权性质的证券，包括其配偶、父母、子女持有的及利用他人账户持有的股票或者其他具有股权性质的证券。

公司董事会不按照第一款规定执行的，股东有权要求董事会在三十日内执行。公司董事会未在上述期限内执行的，股东有权为了公司的利益以自己的名义直接向人民法院提起诉讼。

公司董事会不按照第一款的规定执行的，负有责任的董事依法承担连带责任。"

《证券法》第六十三条第一款规定："通过证券交易所的证券交易，投资者持有或者通过协议、其他安排与他人共同持有一个上市公司已发行的有表决权股份达到百分之五时，应当在该事实发生之日起三日内，向国务院证券监督管理机构、证券交易所作出书面报告，通知该上市公司，并予公告，在上述期限内不得再行买卖该上市公司的股票，但国务院证券监督管理机构规定的情形除外。"

这些规定旨在防止短线交易和不当利益输送，保护广大投资者的权益。对于短线交易行为的监管和处罚，能够确保市场的公平性和透明度，维护上市企业的声誉和信誉。

短线交易行为可能暴露企业治理的薄弱环节，如信息披露不透明，可能影响投资者对企业的信心，进而影响企业的股价和市值。

短线交易行为可能引发市场的担忧和恐慌，导致企业股价出现波动。如果短线交易涉及大额资金或频繁交易，可能对企业股价产生较大的冲击。投资者对短线交易行为的看法也会影响企业的市场形象和声誉。如果投资者认为企业存在不当行为或管理不善，可能不会投资企业。

上市企业需要加强对董事、监事和高级管理人员及其亲属的监管和教育，确保他们遵守相关法律法规和企业治理规范，避免因为短线交易等不当行为给企业带来负面影响。同时，投资者也需要关注上市企业的治理情况和信息披露质量，以便作出明智的投资决策。

10.3.3 敏感期交易

敏感期交易是指企业控股股东、实际控制人、董事、监事、高级管理人员等主体，在敏感信息披露前后的一定时间内，买卖企业股票的行为。由于敏感期通常也被称为"窗口期"，因此敏感期交易也被称为"窗口期交易"。

下面以北京证券交易所（以下简称"北交所"）对敏感期交易的相关规定为例，深度解析敏感期交易相关内容。

1. 北交所上市公司董事、监事和高级管理人员的敏感期认定

《北京证券交易所股票上市规则（试行）》2.4.14 条规定："上市公司董事、监事和高级管理人员在下列期间不得买卖本公司股票：

（一）公司年度报告、中期报告公告前 30 日内及季度报告公告前 10 日内；因特殊原因推迟年度报告、中期报告公告日期的，自原预约公告日前 30 日起算，直至公告日日终；

（二）公司业绩预告、业绩快报公告前 10 日内；

（三）自可能对公司股票交易价格、投资者投资决策产生较大影响的重大事件（以下简称重大事件或重大事项）发生之日或者进入决策程序之日，至依法披露之日内；

（四）中国证监会、本所认定的其他期间。"

2. 北交所上市公司控股股东、实际控制人的敏感期认定

《北京证券交易所股票上市规则（试行）》2.4.15 条规定："上市公司控股股东、实际控制人在下列期间不得买卖本公司股票：

（一）公司年度报告公告前 30 日内，因特殊原因推迟年度报告公告日期的，自原预约公告日前 30 日起算，直至公告日日终；

（二）本规则第 2.4.14 条第二项至第四项规定的期间。"

企业应当遵守相关法律法规的规定，避免进行敏感期交易。想要避免敏感期交易，企业需要了解以下 3 项内容。

（1）时间范围。

敏感期通常是指下列时期（因为适用对象、证券交易所、板块等不同，略有不同）。

① 公司定期报告公告前 30 日内。

② 公司业绩预告、业绩快报公告前 10 日内。

③ 从可能对股票及其衍生品种的价格产生较大影响的重大事件发生之日或进入决策程序之日，至依法披露后 2 个交易日。

（2）限制适用对象。

敏感期交易限制的适用对象通常为上市公司董事、监事、高级管理人员及控股股东、实际控制人，而且公司通过集中竞价交易回购自己的股票时，也应该遵

守敏感期交易限制。

（3）豁免情形（救市政策）。

豁免情形（救市政策）会随着适用对象的不同而有些许变化。下面以董事、监事、高级管理人员为例，说明敏感期交易的豁免情形（救市政策）。根据中国证监会的相关规定，在同时符合下列条件的情况下，董事、监事、高级管理人员可以不适用敏感期交易限制。

① 股票价格连续 10 个交易日累计跌幅超过 30%。

② 增持公司的股票。

③ 承诺未来 6 个月内不减持公司的股票。

第 11 章
市值管理：巩固企业市场地位

市值管理是企业管理的重要组成部分，指的是企业利用多种科学的价值经营方式和手段实现价值最大化的一种战略管理行为。企业应该了解市值管理的重要性，以及如何进行市值管理和市值管理模式有哪些，从而做好市值管理，实现持续发展。

11.1 管理好市值才能更值钱

市值管理在现代企业中扮演着举足轻重的角色。它不仅是企业降低再融资成本、提升市场竞争力的关键所在，更是推动企业稳健、长远发展的核心动力。通过市值管理，企业能够确保在日益激烈的商业竞争中站稳脚跟，甚至脱颖而出，占据主导地位。因此，企业应高度重视市值管理，不断优化其策略与方法，以实现价值最大化，在商海中乘风破浪，稳步前行。

11.1.1 市值管理究竟是什么

人们对市值管理没有一个统一的认知。例如，有些人认为市值管理就是价值管理，可以通过提高企业的盈利能力实现，而有些人则认为市值管理是股本乘以股价，可以通过做大股本或提升股价实现。但其实这两种观点都失之偏颇。

还有一些人认为市值管理是从国外引进的概念，实际上，此概念是在市场发展过程中由国内企业逐渐摸索并提出的。在股权分置改革前，很多企业都很关心如何实现盈利最大化，当时还没有市值管理的概念。随着股权分置改革完成，越来越多股票涌入证券市场进行交易，市值逐渐成为衡量企业价值的一个重要标准。与此同时，市值管理的可能性与必要性也开始凸显出来，并受到企业的关注和重视。

《关于进一步促进资本市场健康发展的若干意见》中明确提出，鼓励企业建立市值管理制度。该文件正式肯定了市值管理的地位。而且证监会也表示，支持企业通过优化发展战略、完善管理体系、改进经营方式、培育核心竞争力等方式持续地创造价值，实现市值与自身内在价值的动态平衡。

对于企业来说，市值管理的核心是提升自身发展质量，尽力维护股东的合法权益，将股东和创始团队、管理层绑定，使其成为利益共同体。企业应该制定长期发展战略，借助各种资本工具实现稳定发展，进一步提升内在价值，并确保这个内在价值可以等同甚至超过市值。

为此，企业可以采取多种措施。例如，在股市高涨阶段，企业可以通过适当减持股票等措施让股市降温；在股市低迷阶段，企业则可以低价增持或回购股票。

如果企业采取了不正当的措施，如操纵股价，企业就会面临很大的风险。有些企业会打着"市值管理"的旗号实施操纵股价的行为，这些企业往往会借助收购、业务突破、合作意向等虚假利好消息刺激股价，等股价提升到一定水平后再高位退出。

通过这种方式提升的股价往往是昙花一现，很快就会下降，由此造成的损失通常由处于劣势的中小投资者承担。而一旦中小投资者被伤透了心，股价就很难再提升，企业的市值也很难再重回"巅峰"，甚至还会被证监会处罚。

某企业家曾经先后与多家企业的董事长或实际控制人联手操纵股票交易，控制了上百个证券账户，非法盈利近 100 亿元。该行为最终被证监会发现，该企业家及其同伙受到了相应的处罚。因此，企业不可以随意操纵股价，要用正确的方式提升市值和内在价值。

需要注意的是，企业进行市值管理应保持整体性。所谓整体性，是指企业应该为大多数股东服务，而不能只关心少数群体的利益。如果企业在创造和提升内在价值的同时，可以将内在价值准确、及时地传递给大多数股东，让他们切实感受到发展成果，那么他们会更尽心尽力地为企业发展做贡献。

真正的市值管理，既不是在股价已经被严重低估时，企业仍然"不管、不理、不问、不负责、不作为"，也不是借市值管理之名做一些违反法律法规的事，而是应该深入挖掘促进内在价值增长的因素，设法实现市值的可持续提升。因此，企业不能将市值管理看作短期的股价管理，它应该是一种长期的、可以实现内在价值最大化的行为。

11.1.2　为什么市值管理如此重要

市值管理之所以重要，是因为其能够提升企业的内在价值。管理学领域将企业价值定义为：企业遵循价值规律，通过进行以价值为核心的管理，让所有企业利益相关者，包括股东、债权人、管理者、普通员工等，都能获得满意的回报的能力。企业价值越高，企业给予利益相关者回报的能力也就越高。简单来说，就是企业到底值多少钱，企业在生存期间能创造多少财富。

企业的市值，实际上是市场在某个特定时期对企业综合状况的反馈与解读。然而，相较于企业的价值，市值往往更难以预测。因此，在实际操作中，人们很少会直接以企业的价值为依据来估算其市值。市值与价值之间，虽相互影响，但市值的波动具有随机性，它会在价值的基础上产生上下浮动。而市值也能反过来影响企业的价值。一家市值高的企业，往往能更轻松地在市场中筹措到大笔资金，从而为其价值的进一步提升奠定基础。

一般情况下，企业价值可通过账面价值、内在价值和市场价值三个方面体现出来。这三个方面各有其合理性与适用性，共同构成了企业价值的完整画像。

账面价值即企业的净资产，主要由过去的账面资产价值和当前的账面盈余所决定。对于股份有限公司而言，账面价值直接体现为每股净资产。账面价值最大化是众多企业追求的目标，账面价值代表的是过去，账面价值越大，代表着过去越成功，但是并不代表未来还能成功。因此，很多账面价值好的企业在资本市场中估值比较低。那么，面对这样的困境，企业应如何应对？在关注账面价值的同时，企业应更加重视内在价值。

内在价值是指企业在剩余的存续时间内产生现金流量的折现值，无法进行精准估算。对于有形资产占比较小、轻资产运营的企业来说，如互联网企业、高新技术企业等，其未来的成长潜力和价值往往更为关键。因此，在估算企业价值时，除了要考虑账面价值，还需将商业模式的成熟度、盈利模式的实际运作效果等要素纳入考量范畴。在具体操作上，企业可以运用清算价值法、持续经营法、市盈率估值等多种方法，更全面地评估自身的真实价值。

市场价值实际上是企业市场溢价的体现。无论是在一级市场还是二级市场，企业都期望其市场价值能够充分反映甚至超越其内在价值。为了实现这一目标，企业需从市场管理的角度出发，通过不断创新商业模式、优化治理结构、加强投资者关系管理等方法，全面提升股票的溢价能力。

著名的投资大师巴菲特，一直坚持价值投资理论。他在1988年花了5倍于账面价值的资金首次购入可口可乐公司股票，占可口可乐公司总股本的7%。但他认为可口可乐公司股票的定价比其实际的内在价值低了50%～70%。

可口可乐公司的内在价值由未来预期获得的净现金流所决定。1988年，可口可乐公司股东盈余为8.28亿美元，国债的利率为9%。按照贴现比例计算，可口可乐公司内在价值为92亿美元。而在巴菲特购买可口可乐公司股票时，其总市值达到148亿美元。看似巴菲特出价过高，但实则这是其基于可口可乐公司的内在价值精确计算的结果。

当投资者愿意以比市场价格高出 60% 的金额购买股票时，这背后必然是对企业未来前景的看好。巴菲特正是在这样的价值投资理念指导下，坚定地购买了像可口可乐公司的股票。

随着时间的推移，可口可乐公司在巴菲特等价值投资者的支持下，不仅充分向市场展示了其价值，也为投资者带来了丰厚的回报。他们之间的合作与共赢，成为资本市场上的佳话。

从巴菲特的这一案例中，我们可以窥见企业价值演变的脉络。过去，企业只需专注于产品市场，通过提升产品质量、降低成本、扩大利润来实现价值最大化。然而，随着资本市场日益成熟，企业创始人需要转变思维，将企业本身视为一种产品，追求内在价值的最大化，并努力争取更高的市场溢价。

11.1.3　市值管理与股市周期波动

股市存在周期性的波动，而企业市值也会受到股市周期波动的影响。对此，企业可以充分利用股市的周期波动提升市值。例如，在股市高点进行减持、增发、跨行业并购等，在股市低点进行增持、资产注入、去并购等。

市值管理其实不是企业市值的盲目提升，而是需要让企业的市值与企业的实际价值相符。进行市值管理要求企业实现长期、持续地盈利。

在股市震荡剧烈之际，企业更需要做好市值管理。拥有较强盈利能力及可持续发展前景的企业，即使在震荡的股市中，也能实现盈利的稳定增长。

值得注意的是，进行市值管理并不能在短期内迅速提升企业股价，它更倾向于细水长流地优化企业整体结构。因此，进行市值管理切忌急于求成，而是应该打好底层基础，为股价上涨做好铺垫。

股市的大幅波动很可能会降低企业的市盈率，即导致股票面值小于企业的实际价值，这也会让许多人认为在此时买入可以获得更大的收益。但由于宏观经济状况不稳定，上市企业往往会面对更大的经营压力，从而导致实际业绩下降。企业此时进行市值管理，等到股市回稳便能一跃而起，成为行业黑马。

要想做好市值管理，则需要企业将危机公关、财务报表等进行完善，高度重视资本运作，如企业的发展战略、大型项目等。同时，企业还可以利用并购重组、股权激励、资产证券化等方式进行市值管理。

在股市波动期间，试图通过提升股价来提升企业市值的行为非常危险，操作不当不仅会损害企业的形象，还可能使企业形成资产泡沫，在泡沫破裂后，企业的价值会大幅下跌，严重者可能导致企业退市。

11.2 如何做好市值管理

想要做好市值管理，企业可以从三个方面出发：一是进行业务拆分；二是剥离那些没"营养"的不良资产；三是打造商业同盟，进行战略合作。

11.2.1 进行业务拆分挖掘增长机会

业务拆分能够在企业涉及多个业务领域的情况下提升各项业务的价值。一些管理者认为，业务拆分会导致资金、技术、信息、人力等资源无法在企业内部共享，不利于企业的整体发展。实际上，由于业务风险、资金状况均不相同，多个业务混杂很可能导致企业的估值降低。将这些业务拆分，反而可能会实现"1+1＞2"的效果。

将原有业务拆分，分别成立"联想集团"和"神州数码"两家子公司，是联想实施的最大规模的战略调整之一。在拆分之前，联想的两大核心业务其实可以很好地发挥协同效应，那么，联想为什么要进行业务拆分呢?

首先，两项业务存在竞争关系。随着联想业务版图的扩大及市场份额的提升，其代理分销业务与自有品牌业务之间的冲突逐渐显现。随着自有品牌的不断升级，其与代理分销品牌的竞争日益激烈。但放弃哪一部分都会对联想产生重大影响，因此，将两大核心业务拆分成为联想发展壮大的必由之路。

其次，进行行业拆分可以优化资源配置。在拆分后，两家企业的业务都更有针对性，联想可以更好地进行资源配置，提升管理效率。与此同时，联想还在拆分过程中实现了重点业务的转移工作，有效增加了竞争优势。

最后，进行行业拆分还可以解决对员工进行股权激励的问题。联想在成立初期就积极地推动员工持股，但员工持有股票与工作业绩并无关联，未产生很好的激励效果。在进行行业拆分后，两家企业独立发展不同业务，员工手中的股票与所在企业直接关联，这使得企业的激励机制得到完善，同时还可以最大限度地激发员工责任心。

联想将企业业务进行横向分拆后，神州数码与联想集团则成为两家独立的企业，二者的分支部门与整体架构都发生了相应的变化。联想集团的市场定位及发展战略更加清晰，市值与市盈率显著提高。

神州数码虽然偶有亏损，但进入战略转型期后，得到了迅猛发展，市值也有所提升。时至今日，神州数码已经实现从个人用户到大型行业客户的全面覆盖，成为国内最大的 IT 服务商之一。

11.2.2　剥离那些没"营养"的不良资产

不良资产指的是缺乏流动性、无法为企业带来收益的经济资源。不良资产会影响企业的经营决策，不利于企业持续发展。

剥离没有"营养"的不良资产不等于经营失败，这其实是企业为实现更好的发展而进行的战略性放弃。在将那些与企业整体发展方向不符、没有成长潜力、影响企业发展的资产剥离后，企业就可以将资源集中于优势业务，使资源配置更为合理，从而提升整体价值。

例如，恒顺醋业是镇江香醋的创始者，主营调味品生产、销售。在房地产市场火爆之际，恒顺醋业盲目进军房地产领域，导致企业出现巨额亏损，市值大幅降低。对此，恒顺醋业决定将非主业资产进行剥离，将房地产业务分配给子公司恒顺置业。将不良资产剥离后，恒顺醋业的业绩明显提升，实现扭亏为盈，市值屡创新高。

以下为进行资产剥离的基本步骤。

第一步，设立工作小组。不良资产剥离与重组是一项复杂的工作，工作量较大，因此需要企业设立专门的工作小组。

第二步，制定剥离与重组方案。工作小组应该充分考虑企业的实际经营情况、总体战略规划及重组改制的相关规定，并据此制定出符合规定、切合实际、可操作性强的具体实施方案。

第三步，组建不良资产管理机构。不良资产从企业主体中剥离后，还需要有专门的机构对其进行管理，这就要求企业组建定位明确、职责清晰的不良资产管理机构。如果采用子企业管理模式，那么企业可以组建法人实体；如果采用部门管理模式，那么企业可以组建相关部门。

第四步，对资产及财务账目进行清理。企业需要对财务账目及全部资产进行核实，制作资产负债表、损益表、债务明细等财务资料，并根据这些内容编制资产清查报告。

第五步，由中介机构进行审验。在资产清查报告编制完成后，即可将其交由会计师事务所审验，以保证资产清查结果客观、有效。

第六步，确定剥离资产项目与剥离方式。在企业的资产清查无误后，工作小组需要对企业的资产状况进行分析，按照相关规定划分各类资产，从而确定不良资产的范围或具体项目。同时，工作小组需要根据企业的实际情况选择最合适的剥离方式，并上报给决策层进行审批。

第七步，实施剥离与重组。审批通过后，就需要执行具体的剥离方案，如准备文件、签订协议、分离账目、办理资产移交等。

资产置换、委托管理、投资、收购、减资、坏账核销等都是常用的资产剥离方式，企业可以根据实际情况选择。不管以何种方式剥离资产，都可能会影响股东的利益。企业应该确保资产转移价格公平、方案合理、过程透明，尽力消除不利影响，避免出现法律隐患。

11.2.3　商业同盟：形成战略合作

在当前的商业环境下，"单打独斗"的策略无法适应快速变化的市场需求，企业需要打造商业同盟，引入战略合作伙伴，与其进行战略合作。

轻住集团就是一个与战略合作伙伴共享共建的典型案例。自成立以来，轻住集团的合作商家已覆盖全国 200 多个城市，开办了数千家酒店。其创始人表示："集团与战略伙伴的合作不仅仅是一门生意，轻住集团以自身的品牌和运营优势与合作伙伴携手共进，帮助商家实现可持续发展。"

当前，轻住集团已经与多家企业达成战略合作伙伴关系，包括雷神科技、携住科技、小帅科技等能有效提升用户体验的智能服务型科技企业。通过合作，轻住集团将多种不同风格的品牌连接起来，提升了项目的用户适配性，拓宽了增值渠道。

近年来，整个酒店行业都在积极推动产业结构升级，其用户群的消费行为也开始从产品消费升级为场景消费。轻住集团尝试通过引入战略合作伙伴的方式，打造更为完善的数字化生态网络，实现双方共同发展。

在引入战略合作伙伴后，轻住集团在酒店运营、用户体验等多方面得到了显著提升。随着合作的深入，轻住集团充分发挥战略合作优势，持续提升品牌价值。得益于和战略合作伙伴的友好合作，轻住集团市场扩张的速度大幅提升，实现了快速发展。

企业可以借鉴轻住集团打造商业同盟的方式，积极引入战略合作伙伴，与合作伙伴共享发展红利，共建智能生态，在合作中寻求双赢。

11.3　你的企业适合哪种市值管理模式

市场上主流的市值管理模式主要有五种，分别是券商管理模式、大宗交易商管理模式、私募基金管理模式、财经公关商管理模式和咨询机构管理模式。企业可以根据自身情况选择合适的市值管理模式，推动市值实现持续增长。

11.3.1　券商管理模式

券商管理模式指的是券商在经营过程中采用的一套组织管理、运营机制和工作方式的管理模式。随着券商业务的创新发展，券商管理模式随之兴起。这种市值管理模式以盘活企业大股东存量持股市值为核心，以获得相应的佣金或利息收入为目的，通常可以通过以下几种方式实现。

（1）股权托管。股权托管是券商的传统经纪业务，即说服企业的大股东将股权委托给券商营业部管理。在这种方式下，券商可以获取业务佣金，企业可以提升市值管理效率和效果。

（2）大宗交易。大宗交易是一种交易规模远超市场平均规模的证券交易行为。券商往往拥有大宗交易通道，无论是帮助股东寻找接盘方还是由券商直接接盘都十分方便、快捷。这种方式可以在不对当前股价产生冲击的情况下，帮助股东将持有的股票变现。

（3）股权质押融资。股权质押融资即股东将持有的股权质押，在到期后归还本金及利息的融资方式。在股东不想降低持股比例，或持有的股票处于禁售期的情况下，就可以通过股权质押融资的方式获取资金。

股权质押融资的年利息高于银行利息，但放款效率更高，也不限制资金的用途。

（4）融券业务。融券业务即券商向用户出借资金或证券，供其买入或卖出证券的业务。如果股东持有的股票可开展融券业务且已经解禁，那么券商就可以向其支付相应的利息，向股东借出证券，到期后再归还给股东。

（5）约定式回购。约定式回购即股东将持有的股票以约定的价格出售给券商，同时约定好回购的时间与价格。这种方式适合那些看好股价走势，但持有的股票不可开展融券业务的股东。

（6）高抛低吸。高抛低吸即股东在一段时间内将持有的股票交由券商管理，券商根据市场行情在高点抛出、在低点吸收，产生的收益由双方按约定的比例分配。

11.3.2　大宗交易商管理模式

许多股东会在企业上市后通过减持手中的股票进行套现，以获取收益。但是这种行为可能会对企业的股价造成冲击，阻碍企业的发展。为了避免这种情况产生，股东往往会选择大宗交易实现减持。

股东巨大的减持需求，给那些从事大宗交易业务的机构带来发展机会，大宗交易商市值管理模式应运而生。

大宗交易即减持方将持有股票以收盘价的 96% 抛售给大宗交易商，大宗交易商再以不低于成交价的价格进行抛售的交易行为。折扣率由股票换手率决定，换手率较高的股票有可能出现溢价，换手率较低的股票，其折扣率可能会跌破 90%。

大宗交易商市值管理模式的运作方式为提高股价，通常有以下两种模式。

1. 先提高股价后交易

这种交易模式需要先由股东与大宗交易商确定交易与分成的相关协议，再由大宗交易商提高股价，最后由股东以约定价格抛售股票给大宗交易商。在获得股票后，大宗交易商便可择日以市场价格卖出，从而获取相应的收益。

2. 先进行大宗交易后提高股价

这种交易模式需要先由股东以折扣价将股票抛售给大宗交易商，大宗交易商将股价提高至目标价位后再抛售，最后股东与大宗交易商按照比例进行收益分成。

11.3.3 私募基金管理模式

随着市场不断变化及投资技术不断升级，许多私募基金机构抛弃了传统的独立坐庄方式，选择与上市企业合作，共同坐庄。私募机构与上市企业共同坐庄不仅可以有效分散风险，还可以提升成功概率，获得更大的收益。在这种情况下，共同坐庄、共同盈利的观念得到了许多私募基金机构的拥护，由此形成了以共同坐庄为核心的私募基金市值管理模式。

这种市值管理模式的基本流程如下。

第一步，商议计划。私募基金机构与上市企业对共同坐庄的计划细节进行商议，如双方的出资金额、收益分成方案、具体操作方案等。

第二步，压低股价。庄家会在证券市场上压低股票价格，上市企业也会同步放出企业业绩不佳、资金短缺等利空消息，促使股价下跌，引导持有者抛出。

第三步，提升股价。在庄家持有量达到一定程度后，私募基金机构会发布推荐买入报告，宣传该股票的投资价值；上市企业也会同步放出企业业绩大幅预增、优质资产注入等利好消息，以推动股价上升。

第四步，进行抛售。在股票的市场认可度达到空前高度时，庄家会将持有的股票抛售，或者由公募基金接盘，由此产生的收益由私募基金机构和上市企业按照约定进行分配。

11.3.4　财经公关商管理模式

财经公关商管理模式主要以价值营销为核心，为上市企业提供市值管理服务。价值营销即通过向用户提供价值更高的产品或服务，提升自身竞争优势的营销模式。

财经公关企业主要为首次公开募股的企业提供媒体关系管理及投资者关系管理服务。其中，媒体关系管理主要是与媒体进行合作，例如，在各类媒体上发布正面报道、帮助企业进行负面新闻公关等。投资者关系管理主要是维护企业与投资者之间的关系，例如，组织路演活动、在成功上市后举办庆功宴等。

财经公关可以通过有效的沟通策略和传播手段，增强投资者信心，提升企业股价，从而帮助企业实现市值提升。财经公关团队会密切关注市场动态和投资者需求，及时调整沟通策略，确保企业市值稳定。

财经公关在危机管理中具有关键作用。当企业面临负面新闻或市场波动时，财经公关团队会迅速启动危机应对机制，通过及时的信息披露、媒体沟通等方式，降低负面影响，保护企业市值。

财经公关会通过品牌塑造和形象维护活动，提升企业的品牌价值和市场影响力，从而推动市值提升。财经公关团队会策划并执行一系列品牌传播活动，如品牌发布会、品牌合作等，提高品牌的知名度和美誉度。

财经公关商管理模式是一种有效的市值管理模式，财经公关在市值提升与稳定、危机管理与风险应对、投资者关系管理、品牌塑造与形象维护等方面发挥着不可替代的作用。因此，企业应该重视财经公关工作，加强团队建设和管理，提高财经公关团队的专业水平，从而更好地实现市值的提升和稳定。

11.3.5 咨询机构管理模式

咨询机构管理模式的核心理念在于通过专业的咨询服务，帮助企业实现价值最大化。管理咨询机构是一种具有中介性质的服务机构，能够为企业提供发展战略、营销战略、人力资源战略、管控架构、资本运作等咨询服务。

咨询机构管理模式强调通过提供高质量的咨询服务，帮助企业优化战略、提升运营效率、改善财务状况等，从而提升企业的市场竞争力和内在价值。这些最终将反映在企业市值增长上，实现市值最大化。

管理咨询机构在为上市企业制定发展战略的同时，还会为其制定更深层次的战略规划，如怎样借助资本市场实现产业整合等。这可以有效帮助上市企业实现外延式增长，提升其盈利能力，从而实现市值提升。

11.4 市值管理与资产证券化

资产证券化指的是将一些流动性不强的资产转化为能够在金融市场进行交易的证券的行为。资产证券化能够提高资产流动性，降低企业融资成本。随着市场不断发展，资产证券化在市值管理方面将发挥更大的价值。

11.4.1 资产证券化有什么作用

资产证券化是金融市场的一项创新，可以显著提高资产流动性，盘活那些流动性较差的长期资产，实现收益变现；可以有效缩短资金回笼的时间，缓解企业的现金流压力。

资产证券化能够拓宽企业的融资渠道，同时降低融资门槛。资产证券化不会限制资金用途，企业可以根据自身需求自行设置融资期限。当负债率较高、盈利能力较弱时，企业难以通过传统的债权融资渠道进行融资，资产证券化就是一种很好的选择。资产证券化是以企业的未来收益，而非企业的信用及偿还能力作为融资担保，为企业融资带来了新的可能。

资产证券化的融资成本通常低于同期的银行贷款利率，企业的融资费用会相应地降低，负债结构能得到优化，资金流动速度及使用效率会提高，信用评级和偿还能力也会提升。

随着资本市场不断发展和成熟，资产证券化的优势将会凸显。如果企业能巧妙地运用资产证券化实现市值管理，就可以向资本市场传递出积极的信号，从而获得更多投资者的认可，全方位提升企业市值。对于大多数上市企业而言，通过资产证券化实现市值管理有百利而无一害。

11.4.2　资产证券化的运作逻辑

资产证券化已经成为企业进行市值管理的有效工具，其逻辑如图 11-1 所示。

在了解资产证券化的逻辑后，企业便可在进行资产证券化的过程中，实现其与市值管理的协同。

第一步，确定基础资产。企业要选择现金流稳定、风险较小的资产作为进行证券化的基础资产。此外，这些基础资产还应该允许合法转让、具有较强的流动性，同时不能存在抵押或质押等权利限制。在将这些资产整合后，企业即可打造基础资产池。

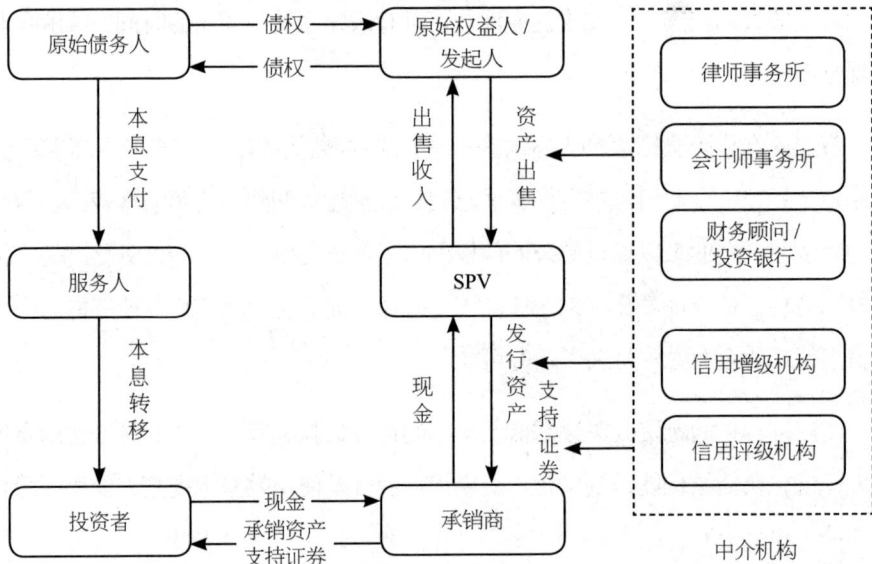

图 11-1 资产证券化逻辑

第二步，设立 SPV（Special Purpose Vehicle，特殊目的载体）。设立 SPV 是实现资产证券化的核心过程，所有工作都将围绕它展开。SPV 是"不会破产"的实体，企业可以通过设立 SPV，最大限度地降低破产可能带来的影响，实现风险隔离。

第三步，发起人将资产转让给 SPV。值得注意的是，转让必须构成真实出售，即将资产完全出售给 SPV，实现资产所属权的法律转移，让与、债务更新、从属参与等都被视为真实出售。

第四步，发起人或第三方对资产进行信用增级。信用增级即提升资产的信用评级，可分为内部信用增级与外部信用增级两种。其中，内部信用增级包括超额抵押、超额利息收入、回购触发条款等方式。外部信用增级包括第三方担保、流动性贷款、银行担保、信用保险等方式。

第五步，SPV 邀请信用评级机构进行评级。评级针对证券化过程中的环节及资产进行，信用等级越高，代表资产证券化的风险越低，发行证券的成本越低。

资产的法律法规风险、操作管理风险、信用质量和交易结构都是信用评级机构考察的重点。

第六步，SPV 对资产进行结构化重组。SPV 会通过公开发售或者私募的方式发行证券，发售对象以机构投资者为主。

第七步，SPV 向发起人支付款项。SPV 或其他机构作为服务商管理资产，除收集、管理现金流外，还负责资金划拨及相关税务、行政等事务。

第八步，SPV 利用资产产生的现金流向投资者偿还本金及利息，若在清偿后仍有剩余，则将剩余现金返还给发起人。

一个与市值管理相协同的资产证券化过程至此完成。

11.4.3　如何发挥资产证券化的价值

资产证券化可以作用于企业的市值管理。市值管理需要长期且高效的策略布局，能够产生稳定收益的资产证券化可以满足市值管理的要求。作为一种债券性融资方式，资产证券化操作简便，可以有效节省企业的时间和精力。

在对资产进行梳理后，企业就可以将那些与主营业务相关的资产注入内部，从而完善治理结构，充分发挥资源的协同效应。企业如何才能利用好资产证券化这个工具，实现市值提升呢？

首先，企业需要挑选出优质资产。企业需要将基础资产分类，分别鉴定各项资产的风险级别。筛选出独立性强、能稳定产生现金流的优质资产，以此赢得投资者的信任，从而获得更多可流动资金。

其次，企业需要灵活运用基础资产。每个行业都存在众多可进行证券化的基础资产，不仅包括企业债权、应收账款，还包括企业的运营项目，如PPP（Public-Private-Partnership，政府和资本合作）项目、REITs（Real Estate

Investment Trusts，不动产投资信托）基金等。灵活运用基础资产，可以提升发行证券的成功率。

再次，企业需要积极融入资产证券化的生态圈。随着经济不断发展，资产证券化的生态圈不断完善，涵盖基础设施、社交应用、行业会议等方面。企业应积极融入这一生态圈，充分利用圈内资源，全面提升市值。

最后，企业需要量力而行，避免违约。发展至今，资产证券化的违约事件很少，但企业仍需重视。例如，"大成西黄河大桥通行费收入收益权专项资产管理计划"的基础资产获得 AA+ 信用评级，共发行优先级证券 5 亿元，但其经营风险较高、产生的现金流不稳定，最终未能按时足额兑付优先级资产支持证券，构成违约。

在监管趋于完善的大环境下，企业应该充分利用资产证券化这个融资渠道，与资本良性互动，提升资产流动性，进一步提升市值。

12 第12章
规模扩张：并购战略威力无穷

在全球市场竞争日益激烈的背景下，企业想要扩大规模、提高市场份额，就要进行并购。通过并购，企业可以吸收优质业务和资产，与被并购方实现资源共享和优势互补，增强自身竞争力，实现跨越式发展。

本章旨在对并购战略的威力进行深入剖析，从企业并购的原因、并购模式、并购战略的选择三个方面展开论述，为企业并购提供有力的指导。通过全面了解并购战略的内涵和实施要点，企业可以更好地把握市场动态，实现规模扩张和效益提升，从而实现持续稳健发展。

12.1 思考：开展并购的原因是什么

企业的发展路径呈现多元化趋势，其中有两大主流路径。一条是依赖企业内部的资本累积，通过稳健经营和持续投资，实现循序渐进的成长；另一条则是通过并购的方式，迅速整合外部资源，实现资本规模的快速扩张和企业的跨越式发展。相较于内部资本积累的渐进模式，并购无疑在效率和速度上展现出更为显著的优势。它不仅能够为企业带来立竿见影的增长，还能有效缩短企业的成长周期，为企业赢得更多的市场机遇。

12.1.1　从并购方视角思考并购原因

从并购方的视角来看，开展并购主要有以下几个原因，如图 12-1 所示。

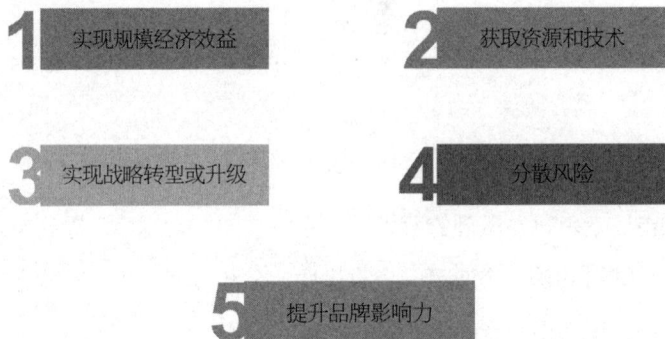

图 12-1　并购方开展并购的原因

1. 规模经济效益

通过并购，并购方可以将多个小的、不完全相关的企业合并成一个大的、协调运作的企业，从而实现规模经济效益。这可以降低企业的生产成本，提高生产效率，增强企业在市场上的竞争力。

2. 获取资源和技术

并购是一种企业扩张策略，为并购方提供了迅速获取目标企业核心资源、先进技术、知名品牌及广泛渠道等的途径。通过整合这些资源，并购方的市场竞争力会显著提升，可以顺利开拓新市场，为自身的长远发展奠定坚实基础。

3. 实现战略转型或升级

并购对企业实现战略转型或升级具有显著作用。具体而言，企业可以借助并购策略，成功进入新的行业或市场，从而拓展业务领域，增强市场竞争力。同时，并购还可以助力企业优化自身的产业结构，通过整合并购对象的优势资源，进一步提升产品或服务质量。

4. 分散风险

通过并购，并购方可以分散经营风险。例如，当某个行业或市场面临困境时，并购方可以依托其他行业或市场的优势资源，实现业务多元化，降低单一业务带来的风险。此外，并购还有助于降低企业对单一供应商或客户的依赖，提高企业的抗风险能力。

5. 提升品牌影响力

并购知名品牌或具有广泛影响力的企业，可以提升并购方的品牌影响力，使其更容易获得市场和消费者的认可。此外，并购能实现双方在品牌资源、企业文化、市场推广等方面的协同，进一步增强并购方的实力和竞争优势。

综上，并购方进行并购的原因多种多样，在实际操作中，并购方应根据自身的战略目标和市场环境，综合评估并购的利弊，作出合理的决策。

12.1.2　从被并购方视角思考并购原因

从被并购方的视角来看，接受并购主要有以下几个原因。

1. 财务利益

在并购交易中，被并购方有机会获取可观的现金流。这些资金可用于清偿债务、进行再投资，以及满足业务发展需求。并购不仅为被并购方提供了资金支持，也有助于其实现业务转型、扩大市场份额。

2. 战略协同

被并购方与并购方往往拥有相同的业务、战略或资源，通过合并，被并购方可以扩大业务规模，实现更广泛的市场覆盖。这种战略协同有助于提升被并购方的生产、研发、营销等能力，从而提升其竞争力和市场地位。

3. 获得资源

被并购方可以通过并购获得并购方的技术、管理经验等资源，从而提升自身的技术水平和管理能力。这有助于被并购方实现技术进步及产品质量和运营效率提升。

4. 企业文化和发展理念

被并购方与并购方的企业文化与发展理念往往具有相似性，通过并购，双方可以更好地实现文化融合和发展。这有助于保持员工的稳定性，为企业的持续发展注入源源不断的动力。

5. 进入新市场

被并购方可以通过并购涉足新的市场或领域。并购方所拥有的市场地位和强大品牌影响力，为被并购方快速进入新市场或新领域，快速开展新业务提供了有力支持。

需要注意的是，被并购方在接受并购时也需要进行全面评估和考虑。被并购方还需要考虑并购后企业的整合和管理问题，以确保并购成功和利益最大化。

12.1.3 自检：并购是不是非做不可

企业在制定并购策略时，应全面审视自身实际情况及长远发展目标，确保决策的科学性与合理性。并购并非适用于所有企业，其必要性应根据企业实际情况进行具体评估。

在大多数情况下，并购是一种有效的策略，例如，当企业希望迅速扩大规模、获取新技术或市场渠道、实现多元化发展时，并购就可以发挥作用。然而，并购也伴随着风险，如整合困难、成本高等。因此，企业在决定是否进行并购时，需要进行全面的分析和评估。

　　并非所有企业都可以通过并购达成其战略目标。企业应自检，根据自身实际情况和既定的战略目标，选择适合自己的发展路径。

　　某科技企业专注于开发人工智能算法，并在特定领域内拥有先进的技术。然而，随着市场环境快速变化，该科技企业发现其竞争对手通过扩大业务范围、提供多样化产品和服务来抢占市场份额。在这种情况下，该科技企业开始考虑是否需要进行并购来增强自身的竞争力。

　　首先，该科技企业评估通过并购其他企业或团队，是否能够快速进入新的市场，提供多样化的产品和服务。如果并购可以帮助该科技企业实现市场扩张和多样化发展，那么它就可以开展并购。

　　其次，该科技企业评估并购对象是否拥有先进技术、研发能力或创新资源。这些可以弥补该科技企业的短板，加速其研发和创新进程。如果并购可以推动该科技企业实现技术升级，那么它就可以开展并购。

　　最后，该科技企业对自身的财务状况和可用资源进行评估。如果该科技企业拥有强大的财务实力和足够的资源支持并购，并购不会给它带来很大的财务压力，那么它就可以开展并购。

　　综合考虑以上因素后，如果该科技企业发现并购可以显著增强其市场竞争力、加速技术研发和创新进程，并且财务条件和资源条件允许，那么并购就是一个合理的选择。然而，如果它经过自检发现并购不符合企业的长期发展战略和利益，或者存在较大的不确定性和风险，它就可以考虑其他的发展路径。

　　总之，企业在开展并购之前需要进行全面的自检，评估并确认并购是否符合自身的长期发展目标和利益。

12.2 并购模式盘点

不同的并购模式对并购后企业的财务状况、业务运营、市场竞争等产生不同的影响。因此，企业在进行并购之前，需要对各种并购模式进行深入了解，以便选择最适合自己的模式。

12.2.1 协议并购

协议并购基于并购双方的共同利益和长远发展进行，协议并购的过程通常包括以下几个步骤，如图 12-2 所示。

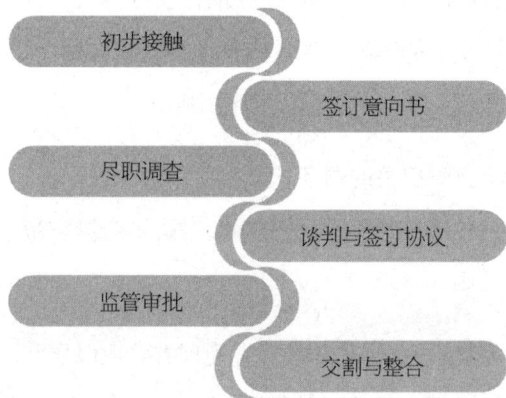

图 12-2 协议并购的步骤

1. 初步接触

并购方对目标企业进行调查，深入剖析其财务状况、市场地位和业务潜力等核心要素。在此基础上，并购方与被并购方就并购的核心条款进行初步的探讨。

2. 签订意向书

在初步接触的基础上，如果并购双方认为并购可行，会签订一份非约束性的意向书，明确并购的基本框架和条件。

3. 尽职调查

并购方会对被并购方进行详细的尽职调查，包括但不限于财务审计、法律审查、业务评估等，以对被并购方有全面、深入的了解。

4. 谈判与签订协议

在尽职调查的基础上，并购双方就具体的并购条款进行谈判，包括交易价格、支付方式、股权架构调整、管理层安排等，并签订正式的并购协议。

5. 监管审批

并购双方签订并购协议后，需要将协议提交给相关监管机构进行审批，协议获准后，并购交易正式完成。

6. 交割与整合

并购双方完成所有必要的法律手续和监管审批后，就要进行资产交割。之后，进入整合阶段，包括业务整合、文化融合、人力资源调整等，以实现协同效应。

协议并购可以减少并购过程中的不确定性和冲突，有利于并购双方资源的有效整合和长期价值的提升。此外，协议并购还能够保持被并购方原有的品牌价值和客户关系，为并购后的稳定过渡提供保障。

阿里巴巴通过协议并购饿了么，扩大自身在新零售领域的版图。在并购初期，阿里巴巴对饿了么进行了详尽的尽职调查，还对饿了么的资产、负债、盈利状况等进行了全面评估。经过多轮谈判，阿里巴巴和饿了么最终达成并购协议。

作为并购方，阿里巴巴履行支付并购价款、整合饿了么业务、保护饿了么股东权利等义务。同时，阿里巴巴享有对饿了么的控制权，以及通过饿了么进一步拓展新零售市场的权利。

作为被并购方，饿了么享有获得并购价款、保持品牌独立性、独立运营权等权利。同时，饿了么也承担配合阿里巴巴进行尽职调查、确保交易合法合规、完成交接工作等义务。

协议并购是一种重要的并购模式，能够推动企业规模扩张和资源整合。通过精心策划和执行，企业可以借助协议并购实现资源优化配置，提升核心竞争力。

12.2.2　竞价并购

在竞价并购模式下，目标企业会公开发布出售公告，邀请具备充足实力的潜在购买方参与其中。并购采取公开竞价的方式进行，要求所有购买方以递交密标的形式参与竞价。通过对比价格，价格有优势者将获得并购资格。

竞价并购具有直接性，并购方直接向股东提出并购要约，无须经过目标企业管理层的同意。由于目标企业管理层可能反对并购，因此竞价并购往往伴随着公开的权力斗争。竞价并购还具有不确定性，结果难以预测，因为它受到多种因素的影响，如股东反应、监察机构的审查、市场环境等。

维旺迪对法国游戏开发商育碧的竞价收购，是视频游戏行业引人注目的并购案例之一。维旺迪是一家多元化的国际媒体和通信集团，旗下拥有多家娱乐和音乐子企业。其对育碧的兴趣源于对视频游戏市场的看好，维旺迪希望通过并购扩大其在行业中的影响力。然而，育碧的创始人和管理层担心维旺迪的介入会损害企业的独立性和创新能力，因此坚决反对并购。

维旺迪通过其子企业收购育碧的股份。随着持股比例的增加，维旺迪在育碧的董事会占据更多席位，此举无疑加剧了双方之间的紧张关系。

在维旺迪持续施压的情况下，育碧的管理层采取一系列防御策略，如引入腾讯等外部投资者，旨在有效分散并降低维旺迪的股权比例。此外，育碧还修改了公司章程，提高了召开股东会会议的门槛，使得维旺迪难以通过股东会会议来推动其并购进程。

但维旺迪并未放弃，而是发起了全面并购要约，计划收购育碧剩余的全部股份。然而，这一要约被育碧的管理层和大多数股东拒绝。维旺迪最终放弃了并购育碧的计划，这是双方经过近三年拉锯战后的结果。育碧管理层的坚定立场和外部投资者的支持对此起到了关键作用。

上述案例展示了竞价并购的复杂性和不确定性。尽管并购方拥有强大的资金实力，但在面对目标企业管理层的强烈抵抗和复杂的监管环境时，并购并不总是能够顺利进行。因此，在实际操作中，竞价并购往往是并购方最后的选择，它可能导致并购双方关系紧张，甚至引发长期的纠纷。

12.2.3　要约收购

要约收购是并购的一种特殊方式。在要约收购过程中，并购方会向目标企业的全体股东发出公开的并购要约，旨在获取足够数量的股份，以便控制或影响目标企业的决策。这种并购方式通常涉及公开市场的交易，并且需要遵守相关的法律法规。

要约收购具有三个特点。

（1）要约收购具有公开性，并购方需要向所有股东发出公开的并购要约，确保交易的透明度。

（2）一旦并购要约被接受，目标企业的股东无法撤销其股份，除非并购方未能履行要约中的承诺。

（3）要约收购具有一定的竞争性，可能会引起其他潜在并购者的兴趣，从而引发竞购战。

联想集团对 IBM（International Business Machines Corporation，国际商业机

器公司）个人电脑业务的要约收购，是一起典型的跨国并购事件。这次并购重塑了联想的形象。

联想集团收购 IBM 个人电脑业务的目的是迅速进入国际市场，并提升自身的品牌价值。在收购过程中，联想集团面临了巨大的挑战。首先，它需要获得监管机构的批准，这在当时的经济背景下并不容易。其次，联想集团需要确保交易完成后能够有效整合业务，包括技术、管理、文化等方面的融合。

联想集团采取了一系列策略来应对这些挑战。它与 IBM 建立了长期合作关系，并承诺在收购后保留 IBM 的品牌和管理团队。此外，联想还引入了国际资本和管理经验，如与私募股权基金 Texas Pacific Group（美国得克萨斯州太平洋投资集团）和 General Atlantic（泛大西洋投资集团）合作，以提高收购的资金实力和管理能力。

经过艰难的谈判和准备工作，联想集团完成了对 IBM 个人电脑业务的收购，成为全球第三大个人电脑制造商。

收购完成后，联想集团开始整合业务。它保留了 IBM 的品牌和管理团队，调整了组织结构和业务流程，还积极拓展国际市场。

这次要约收购对联想集团的影响是深远的。它不仅提升了联想集团的品牌形象和市场地位，还带来了先进的技术和管理经验。在实际操作中，要约收购通常是并购方在协议并购无法进行的情况下作出的选择。要约收购具有不确定性，可能会引发市场波动，因此在实施过程中需要谨慎处理各种复杂的法律和财务问题。

12.2.4 债务重组

债务重组主要适用于那些债务负担较重、现金流紧张、面临偿债压力的企业。债务重组有多种方式，具体方式应根据企业的实际状况及与债权人的协商结果而定。

1. 债务承担

债务承担即目标企业的债务由并购方承担，而并购方可以获得相应的股权。这一方式在资产置换股权的并购场景中尤为常见。

2. 债务抵销

并购方和目标企业之间互相存在债务，当并购方以现金、股权或其他资产来并购目标企业时，目标企业的债务可以被抵销。

3. 债务剥离

债务剥离是将目标企业中不符合并购方发展战略或者对并购方没有价值的债务剥离出去，以提高目标企业的资产质量和经营效率。

4. 债务转换

债务转换是将目标企业的部分或全部债务转换为股权或其他资产，以降低其债务负担，提高其资产质量和经营效率。

5. 债务展期

债务展期是在允许债务人不立即履行偿还义务的前提下，适当延长其债务的偿还期限。此方式旨在给予债务人更充足的时间与空间进行资金调度和规划，以促进其经济状况改善与稳定，通常适用于短期内现金流紧张，但从长期来看具有偿债能力的企业。

6. 债务减免

债务减免是指债权人减免债务人的部分借款，以防止债务人因还债压力过大而拒不偿还所有债务。债务减免可以实现双方互利共赢，适用于债务人确实偿债困难的情况，债权人可以通过这种方式减少损失，帮助债务人走出困境。

7. 债转股

债转股是债务重组中一种创新的解决方案，即将企业的债务转换为股权。通过这种方式，债权人将放弃原有的债权，转而成为企业的股东，分享企业的未来盈利。债转股适用于虽然暂时面临偿债压力，但长期来看具有发展潜力的企业。

通用汽车公司（General Motors Compang，以下统称"GM"）因高债务负担和销售下滑，申请了破产保护，随后进行了大规模的债务重组。

首先，GM 进行了债务减免，GM 与债权人达成协议，减免了部分债务。其次，GM 进行了股权转换，部分债权人接受了以新发行股票换取债务的方案，将原本的债务转化为公司的股权。最后，GM 出售了部分非核心资产，包括旗下的一些品牌和工厂，以筹集资金。

债务重组使 GM 减轻了财务负担，改善了资本结构。新的股权架构吸引了私人投资者的关注，为公司的后续发展提供了资金保障。尽管重组过程中 GM 经历了破产保护，但最终成功重组。

GM 的债务重组案例表明，面临困境，企业可以通过债务重组与资本结构调整实现重生。然而，债务重组并非没有代价，GM 在重组过程中失去了部分控制权。

需要注意的是，债务重组需深入考量企业的实际经营状况、市场环境等多重因素，进而制定出契合企业实际情况的债务重组策略。

12.2.5 股权重组

股权重组主要包括股权转让和增资扩股两种形式。在股权重组过程中，通常无须进行清算程序，原有的债权与债务关系在重组完成后仍维持原有的法律效力。

在进行股权重组时，企业可采取多种方式调整股东持股比例，包括但不限于通过公开市场购买股权、实施定向增发及股权置换等。此外，企业还可积极与新的战略投资者寻求合作，以优化股权架构，推动自身发展。

股权重组过程复杂，涉及多方利益协调与博弈。首先，在进行重组前，企业需要审慎评估自身的股权架构与市场价值，以明确重组的具体目标与范围。

其次，企业需要与潜在投资者磋商，以达成一致意见，为长远发展奠定稳固的基础。

然后，按照相关法律法规的要求，完成交易的审批程序。

最后，完成股权过户和注册变更等手续，使重组生效。

以海尔集团为例，其进行了一系列的股权重组。海尔通过引入战略投资者、管理层收购、股票上市等方式，逐步优化股权结构，增强市场竞争力和经营活力。这些措施不仅提高了海尔集团的经济效益，也为其后来的国际化战略奠定了坚实基础。

股权重组是企业并购的核心环节，企业应通过科学调整股权架构，优化资源配置，实现内在价值的全面提升。在实际操作中，企业应根据发展需求和市场环境选择合适的重组策略。同时，企业应妥善处理与各方的关系，确保重组顺利进行，实现长期发展。

12.2.6　托管重组

托管重组是一种独特的并购方式，主要在企业经营陷入困境或面临严重的财务问题时被采用。在这种模式下，托管方会接管被托管方的经营管理权，通过提供资金、管理经验、技术等资源，帮助被托管方恢复正常运营，并实现盈利。

托管重组通常分为两个阶段。第一个阶段是托管阶段，并购方通过托管的形式对目标企业进行经营管理，了解其运营状况、市场环境等，为后续并购做好准备。第二个阶段是并购阶段，并购方根据预先确定的并购方案逐步完成对目标企业的并购。

在托管阶段，并购方可以利用自身的经营管理经验和资源优势，帮助目标企业改善经营状况、提升运营效率。同时，通过托管期间的观察与了解，并购方可以更准确地评估目标企业的价值，为后续的并购决策提供有力的支持。

在并购阶段，并购方根据托管期间积累的经验与信息，制定更加精准的并购策略。通过整合双方资源、优化管理流程、降低成本等方式，实现并购后的协同效应和价值提升。

在市场竞争日趋激烈的大背景下，某生物公司陷入经营困境，面临退市和破产的风险。为了稳定员工队伍，实现持续运营，该公司决定引入一家科技公司进行托管经营。在债权人的申请下，法院依法裁定该生物公司进行破产重组。

首先，在法院依法受理本案并启动重整程序后，该生物公司依然正常营业，并履行与科技公司的托管协议，从而确保重整工作有序推进。

其次，小额债权人群体大、清偿效率低、损失严重且对立情绪明显。为维护其权益，法院经研究成立小额债权组。该组将吸纳债权额 600 万元以下的债权人，确保其权益得到关注和妥善处理。

同时，法院积极动员大股东，促使其额外提供资金，专项用于补偿小额债权人的损失。此举旨在将小额债权人的清偿率提升至 70%，从而在保障出资人利益的同时，有效平衡债权人的利益。

最终，经过债权人组及出资人组的审慎表决，重整计划草案及出资人权益调整方案得以顺利通过。随后，法院依法裁定批准重整计划，并在重整计划圆满执行后，裁定终结重整程序。此后，经过中国证监会的严格审核，该生物公司发行股份购买资产并募集配套资金的申请获得有条件通过。至此，该生物公司的破产重整程序与资产重组程序实现了有效对接。

在本案例中，不仅对破产重组企业进行了有效管理，还将破产重整与资产重组进行并行考虑，确保同行业并购和业务整合紧密衔接，从而实现更高效的企业转型与资源优化配置。

然而，托管重组也面临着诸多挑战，包括如何有效地管理被托管方、如何平衡各方利益及如何确保托管期后企业的可持续发展等。因此，企业在进行托管重组时，需要谨慎评估和规划，确保双方的利益都能得到保障。

12.3　如何选择并购战略

并购战略是企业发展战略的重要组成部分，有助于企业实现规模扩张、优化资源配置。企业应根据自身的发展目标和战略定位，全面评估自身的资源状况和财务实力，确定并购目标并制定相应的并购战略。同时，企业还需要关注并购过程中的风险评估和管控，确保并购顺利进行。

12.3.1　横向一体化战略

横向一体化战略主要是指同行业企业之间的并购行为。这种战略有助于企业实现规模扩张，获得更大的市场份额，同时降低成本，提高盈利能力。

辉瑞制药通过收购其竞争对手惠氏制药，进一步推进了横向一体化战略布局。此次并购不仅有助于提升辉瑞制药的市场地位和竞争力，也为其未来发展注入了新的活力、带来了新的机遇。

辉瑞制药是全球最大的制药企业之一，但面临着专利到期和市场竞争加剧的挑战。惠氏制药同样是一家全球领先的制药企业，拥有强大的产品线和研发能力。

辉瑞制药收购惠氏制药后，辉瑞制药的市场份额大幅提升，尤其是在疫苗和保健市场。辉瑞制药通过整合两家企业的研发、生产和销售网络，实现了显著的成本节约。惠氏制药的产品与辉瑞制药的产品有互补性，尤其是在心血管和神经系统疾病领域。惠氏制药的研发实力和专利组合为辉瑞制药提供了新的增长点。

辉瑞制药收购惠氏制药的案例展示了横向一体化战略在提升市场份额、实现规模经济和增强竞争力方面的作用。

横向一体化战略对企业的长远发展具有积极影响，但也伴随着业务整合风险、市场竞争加剧等挑战。企业在实施横向一体化战略时，需要进行全面而审慎的评估。不仅要深入分析目标企业的业务模式、市场地位、技术实力等关键要素，还要充分考虑并购后的整合难度、潜在风险及对企业整体战略的影响。只有在全面评估的基础上，制定出切实可行的并购方案，并在并购过程中保持高度的敏感性和灵活性，才能确保并购成功，为企业的长远发展奠定坚实基础。

12.3.2 纵向一体化战略

纵向一体化指的是企业在现存业务的基础上，向上游或下游发展，形成供产、产销或供产销一体化，从而扩大经营范围的行为。纵向一体化战略主要有两种类型，分别是前向一体化和后向一体化。

前向一体化指的是企业通过加强对分销商的控制，掌握销售过程和渠道，从而实现对市场的控制，及时了解消费者的需求变化，打造出更符合消费者需求的产品。后向一体化指的是企业通过加强对供应商的控制，了解原材料投入成本、质量及供应的可靠性，实现生产经营稳定。后向一体化战略适用于汽车、钢铁等行业。

以蒙牛集团收购雅士利为例。我国乳制品市场广阔，具有强大的发展潜力，然而婴幼儿奶粉在奶粉市场的占比不高。对此，许多企业纷纷进军奶粉市场，希望能够抢占一席之地。蒙牛集团考虑自身发展的需要，想要进一步弥补奶粉市场的短板，因此，对雅士利进行收购。

蒙牛集团采用纵向一体化战略收购雅士利具有以下优势。

（1）实现双方共赢。这不仅提升了资源利用效率，还进一步巩固了双方在行业中的地位，实现共赢。

（2）降低交易成本。相较于传统的合作方式，收购能够减少协商谈判所带来的时间、人力和物力成本，从而节省交易成本。这种直接而高效的方式，使蒙牛集团能够更快地融入雅士利的运营体系，加速战略协同的实现。

总之，纵向一体化战略能够整合并购双方在品牌、技术、资源等方面的优势，提高企业的市场竞争力，延长企业的生命周期，推动企业实现长久发展。